Hauptmann | Die Weber

Lektüreschlüssel XL

für Schülerinnen und Schüler

Dieses Buch wurde klimaneutral gedruckt.

Alle CO_2-Emissionen, die beim Druckprozess unvermeidbar entstanden sind, haben wir durch ein Klimaschutzprojekt ausgeglichen, das sich für den Regenwaldschutz in Papua-Neuguinea einsetzt.

Nähere Informationen finden Sie hier:

Gerhart Hauptmann

Die Weber

Von Wilhelm Borcherding

Reclam

Dieser Lektüreschlüssel bezieht sich auf folgende Textausgabe: Gerhart Hauptmann: *Die Weber. Schauspiel aus den vierziger Jahren*. Stuttgart: Reclam, 2018. (Reclam XL. Text und Kontext, Nr. 19406.)
Diese Ausgabe des Werktextes ist seiten- und zeilengleich mit der in Reclams Universal-Bibliothek Nr. 19364.

E-Book-Ausgaben finden Sie auf unserer Website unter www.reclam.de/e-book

Lektüreschlüssel XL | Nr. 15516
2020 Philipp Reclam jun. Verlag GmbH,
Siemensstraße 32, 71254 Ditzingen
Druck und Bindung: Kösel GmbH & Co. KG,
Am Buchweg 1, 87452 Altusried-Krugzell
Printed in Germany 2020

ISBN 978-3-15-015516-5

Auch als E-Book erhältlich

www.reclam.de

Inhalt

1. Schnelleinstieg

Autor	• Gerhart Hauptmann, geboren am 15. November 1862 in Ober Salzbrunn, gestorben am 6. Juni 1946 in Agnetendorf • Beisetzung auf Hiddensee • Er gilt als bedeutender Dramatiker und Schriftsteller und erhielt 1912 den Nobelpreis für Literatur
Entstehungszeit	• 1888: Erste Ideen zu dem Drama über die Weber • 1890: Vorarbeiten • 1891: Erste Dialektfassung • 1892: Buchform des Dramas; das Stück darf nicht öffentlich aufgeführt werden • 1893: geschlossene Vorstellung der sprachlich überarbeiteten Fassung • 1894: öffentliche Uraufführung
Orte und Zeit der Handlung	• Die (fiktionalisierte) Handlung spielt in Langenbielau und Peterswaldau in Schlesien. • Zeitlich orientiert sich die Handlung an den realen Abläufen des Weberaufstandes von 1844. Die Handlung setzt »gegen Ende Mai« an einem nicht genauer genannten Tag um 12 Uhr ein und dauert acht Tage.
Epoche	• Naturalismus
Gattung	• Soziales Drama
Aufbau	• Orientierung am Fünf-Akte-Schema ohne Untergliederung in Auftritte • Offene Dramenform

Quellen

Die Grundlagen von Gerhart Hauptmanns sozialem Drama *Die Weber* bilden neben den zeitgenössischen Quellen zum Weberaufstand von 1844 die zahlreichen Gespräche mit einigen Augenzeugen, mit denen der Autor bei seinem zweimaligen Besuch der originalen Schauplätze gesprochen hatte. Hinzu kamen nach sorgfältigen Studien weitere historische Darstellungen aus den 80er Jahren.

Die erste Fassung von 1891 trägt den Titel »De Waber« und ist ein Hinweis darauf, dass Hauptmann das Stück im schlesischen Dialekt verfasst hatte. Die zweite Fassung passte er bis 1892 sprachlich stärker der Standardsprache (Hochdeutsch) an, so dass sein Publikum die Dialoge zwischen den Protagonisten aus den verschiedenen gesellschaftlichen Gruppen auch außerhalb Schlesiens leichter nachvollziehen konnte. Diese Version durfte jedoch zunächst wie die Dialektversion nicht öffentlich gespielt werden. Eine geschlossene Vorstellung nur für Mitglieder der Freien Bühne in Berlin (1893) ging der ersten öffentlichen Aufführung des Schauspiels 1894 in Deutschland voran.

Der Verlauf des Weberaufstandes

In fünf nur wenig aufeinander bezogenen Akten schildert der Autor verschiedene Stadien des Weberaufstandes in Schlesien aus dem Jahr 1844:

Der erste Akt gewährt dem Zuschauer einen Blick in einen Lager- und Geschäftsraum im Hause des Verlegers Dreißiger: der Fabrikant, der den Webern ihren Rohstoff auslegt. Kranke, ausgemergelte, heruntergekommene und verängstigte Weber liefern ihre Produkte ab. Nach Prüfung der abgegebenen Waren durch Dreißigers Angestellten Pfeifer erhalten die Hungerleider einen willkürlich von ihm festgesetzten Lohn. Aus Angst, ihre Arbeit auch noch zu verlieren, unterwerfen sich die Weber dem Diktat Pfeifers. Nur zwei von ihnen wagen es, gerechteren Lohn zu verlangen. Dreißiger weist ihr Begehren jedoch mit fadenscheinigen Ausreden zurück und statuiert ein Exempel, indem er den protestierenden Weber Bäcker entlässt. Demgegenüber nutzt der Verleger den Zusammenbruch eines nahezu verhungerten Kindes, um sich als fürsorglicher Patriarch seiner ›Arbeiterfamilie‹ zu profilieren. Als er verkündet, dass er aufgrund seines Mitgefühls noch weiteren, bislang unbeschäftigten Webern Arbeit geben will, werden erste Zweifel laut und Unzufriedenheit über die Neueinstellung artikuliert.

■ Erste Anzeichen von Unzufriedenheit

Der zweite Akt spielt in einem kleinen Raum, der im starken Kontrast zum Geschäftsraum Dreißigers steht. Der Raum in der Hütte des alten Webers Ansorge dient der Familie Baumert zugleich als Wohn-, Schlaf- und Arbeitsraum. Hier fristen die sechs Mitglieder der Familie ihr Leben. Darüber hinaus wird deutlich, dass sie alle hungern und nur noch Flicken auf dem Leibe tragen. Aber nicht nur die Baumerts leben unter dem Existenzminimum, sondern auch ihr Vermieter Ansorge sowie weitere Bewohner des Hauses.

■ Armut im Hause Baumert/Ansorge

Der alte Baumert bringt den ehemaligen Weber Jäger mit nach Hause, der etwas Geld beim Militär verdient hat und damit seinen Lebensunterhalt finanzieren kann. Gemeinsam mit Ansorge diskutieren sie über die sozialen Gegensätze und entwickeln Ideen zur Veränderung der herrschenden gesellschaftlichen Missstände. In dem von Jäger vorgelesenen Weberlied (Das »Bluttgericht«, S. 18) erkennen die Weber ihre eigene Situation wieder sowie die Notwendigkeit, Veränderungen herbeizuführen.

Forderungen nach Veränderungen

Im dritten Akt kommt es im Wirtshaus von Peterswaldau zu einem Aufeinandertreffen von Angehörigen unterschiedlicher sozialer Klassen. Über die äußerst schlechte materielle Situation der Weber führen diese, verschiedene Handwerksmeister und Gewerbetreibende sowie die Wirtsleute (Bürgerliche) und einige den Grundbesitzern nahestehende Figuren, eine heftige Auseinandersetzung.

Solidarisierung unter den Webern

Es bilden sich zwei Gruppen heraus: einerseits die Gruppe, die Partei für die notleidenden Weber ergreift, und andererseits die Gruppe, die die Weber selbst für ihre Misere verantwortlich macht. Jäger und Bäcker ist es unterdessen gelungen, einige aufständische Weber hinter sich zu versammeln. Noch aber herrscht Uneinigkeit unter ihnen: Es gibt gewaltbereite Weber und Weber, die zur Besonnenheit aufrufen. In diesen Streit platzt der Gendarm Kutsche und informiert die Weber über das Verbot der staatlichen Obrigkeit, das Weberlied zu singen. Das nehmen Bäcker und Jäger zum Anlass, aus Protest das verbotene Weberlied anzustimmen und mit den aufständischen Webern zum Hause Dreißigers zu ziehen.

Zu Beginn des vierten Aktes erhält der Leser einen Einblick in die luxuriösen Wohnräume des Ehepaares Dreißiger. Sie haben Besuch von Frau und Herrn Pastor Kittelhaus sowie vom Hauslehrer Weinhold, als der Zug der Weber, weiterhin das Weberlied singend, vor dem Hause des Verlegers eintrifft. Am Ende dieses Aktes steht der Bericht, wie die aufgebrachten Weber das Haus stürmen.

■ Flucht und Rebellion

Dreißiger hat Jäger festnehmen lassen, den er dem Polizeiverwalter ausliefert. Dessen Bemühungen, die Auseinandersetzung beizulegen, misslingen ebenso wie der Vermittlungsversuch des Pastors, der sich auf die Seite des Verlegers schlägt. Als die Situation zu entgleiten droht, trifft der Verleger Vorbereitungen zur Flucht. In letzter Sekunde gelingt es ihm, mit dem hilflosen Pfeifer vor den Webern zu fliehen. Zögernd dringen die Aufständischen in das Haus ein und plündern und zerstören das Inventar.

Im fünften Akt geht es um die Teilnahme an dem Aufstand innerhalb der Weberfamilie Hilse. Der alte, tiefreligiöse Hilse beschwört seine Familie, nämlich seine Schwiegertochter Luise und seinen Sohn Gottlieb, sich nicht am Aufstand zu beteiligen, sondern im Glauben an die Lehren der Kirche das Leid zu ertragen. Luise hört nicht auf ihn und schließt sich dem Protestzug an. Gottlieb zögert lange – als seine Frau jedoch durch das mittlerweile eingetroffene Militär in Gefahr gerät, hält es auch ihn nicht mehr zu Hause. Der alte Hirse, der sich mit Nachdruck von den Rebellen distanziert hat, setzt seine Arbeit am Webstuhl

■ Aufstand oder Anpassung?

fort. Durch einen Querschläger wird er während seiner Tätigkeit tödlich getroffen. Den Aufständischen gelingt es, die Soldaten zu vertreiben.

Die Aktualität der *Weber*

Auch 125 Jahre nach der ersten öffentlichen Aufführung besitzt Hauptmanns Schauspiel nach wie vor große Aktualität. Nicht nur in Deutschland, sondern auch weltweit droht die Schere zwischen Arm und Reich weiter auseinanderzudriften. Die ungleiche Verteilung der Vermögensverhältnisse führt dazu, dass auf der einen Seite wenige Personen über enormen Geldbesitz verfügen und sich ein Leben in unvorstellbarem Luxus leisten können. Auf der anderen Seite leben Millionen von Menschen am Rande der Existenz (Krankheiten, Hunger, unzureichende Bildung, Altersarmut usw.). Noch schlimmer trifft die Armut vor allem junge Menschen auf allen Kontinenten: Sie verrichten Kinderarbeit oder müssen anderen Tätigkeiten nachgehen, um an genügend Nahrung und in den Genuss einer (Aus-) Bildung zu kommen. Insgesamt können sie meistens nur mit dem Notdürftigsten ausgestattet werden. Daher ist es an vielen Orten notwendig, dass sich private Personen und Gruppen sowie andere nichtstaatliche Hilfsorganisationen um diese hilfsbedürftigen und oft notleidenden Menschen kümmern, damit auch sie in unserer Überfluss- und Wegwerfgesellschaft ein menschenwürdiges Dasein führen können.

Gerhart Hauptmanns Drama vermag uns diese Problematik vor Augen zu führen und uns für die Nöte und Sorgen unserer Mitmenschen zu sensibilisieren.

2. Inhaltsangabe

Das in fünf Akte eingeteilte Schauspiel weist zu Beginn jeden Aktes – im Vergleich zu anderen Dramen – lange Regieanweisungen auf. Darin beschreibt der Autor die Orte der Handlung und die auftretenden Figuren so, dass sich der Leser die Einrichtung der Räume und das Aussehen der Figuren bildhaft vorstellen kann. Die Regieanweisung zum ersten Akt enthält auch Informationen zum Zeitpunkt der Handlung. In den nachfolgenden Akten erschließt sich der Zeitpunkt der jeweiligen Handlung aus den Aussagen der Protagonisten.

■ Funktion der Regieanweisungen

Erster Akt

In einem Lager- und Geschäftsraum im Hause des Verlegers Dreißiger in Peterswaldau finden sich am Ende des Monats Mai, gegen Mittag, nach und nach Weber, Weberfrauen und Kinder ein, um ihre gewebten Stoffe abzugeben. Der Leser erhält einen circa einstündigen Einblick in das Geschehen am Rückgabetag.

Die Regieanweisungen enthalten neben einer genauen Beschreibung der Einrichtung des Zimmers eine umfassende Schilderung der Abläufe am Rückgabetag: Die Weber präsentieren ihre gewebten Stoffe, Angestellte des Verlegers begutachten und wiegen sie und zahlen den Arbeitslohn aus. Der ehemalige Weber Pfeifer (im Gegensatz zu den Webern wohlge-

■ Informationen in den Regieanweisungen

nährt und gut gekleidet) ist zum Prüfer aufgestiegen und nutzt seine Stellung rücksichtslos aus, um den Lohn zu drücken. Dazu benutzt er einen Zirkel und eine Lupe, um genügend Mängel entdecken zu können, die eine Kürzung des Lohnes in seinen Augen rechtfertigen. Die anwesenden Weber werden als »hüstelnde, ärmliche Menschen mit schmutzigblasser Gesichtsfarbe« (S. 10) beschrieben, die sich »so klein als möglich« (S. 9) machen. Der Autor schildert die Situation derart, als ob die Prüfung der Produkte durch die Angestellten Dreißigers eine »Entscheidung über Tod und Leben« (S. 9) für die Weber darstellt.

Notlage der Weber

Die ersten Dialoge der Handlung drehen sich um die Notlage der Weber. Pfeifer kümmert sich nicht um die Klagen der Bittsteller, sondern sucht nach Möglichkeiten, die Löhne weiter zu drücken. Viele Weber lassen sich das gefallen, Reimann und Bäcker lehnen sich jedoch gegen Pfeifers Kürzungen auf. Als Bäcker weiter auf eine gerechte Bezahlung drängt, ruft Pfeifer den Verleger zu Hilfe. Die verbale Auseinandersetzung zwischen Bäcker und Dreißiger endet mit dem Rauswurf des Webers.

Dreißiger: Fürsorge und Ausbeutung

Der fast verhungerte Sohn der Frau Heinrich liefert die Stoffe seiner Eltern beim Verleger ab. Als er zusammenbricht, bemüht sich Dreißiger, den fürsorglichen Unternehmer zu spielen. Er veranlasst, dass der Junge in sein Kontor gebracht wird, wo er ihn versorgen lassen will. Er gibt den Eltern, die schon neun Kinder haben, die Schuld an dessen Zusammenbruch. Dann schildert Dreißiger voller Selbstmitleid die

Abb. 1: »Weber-Szene«, anonyme Lithographie, um 1845

›Probleme‹ eines Fabrikanten. Von den Webern lässt er sich bestätigen, ein wohltätiger Unternehmer zu sein. Er droht ›seinen‹ Webern mit der Schließung seines Unternehmens, wenn sie sich ihm gegenüber nicht wohl verhalten. Er erhöht den Druck auf die Weber, indem er 200 weitere Weber einstellt. Mit den zahlreichen Anträgen der Bittsteller beschäftigt er sich erst gar nicht, sondern verweist sie an Pfeifer. Den Webern bleibt nichts anderes übrig, als zu resignieren. Pfeifer nimmt nach dem Zwischenfall mit dem Jungen seine Begutachtung wieder auf: Der alte Baumert wird zukünftig – nach Einstellung der 200 Weber – nur noch 10 Silbergroschen erhalten. Unter den anderen Webern regt sich Widerstand (»Flüstern und Murren«, S. 26) gegen Pfeifers Willkür.

Aufkeimender Widerstand

Zweiter Akt

Der Autor hat auch dem zweiten Akt ausführliche Regieanweisungen vorangestellt. Er schildert darin die armselige und notdürftig reparierte Webstube der Familie Baumert, die der Weber Ansorge ihr vermietet hat. In der Stube leben und arbeiten die Baumerts mit ihren drei Kindern und einem Enkelkind. Die Familienmitglieder sind »abgemagert zum Skelett« (S. 27) und tragen verschlissene Kleidung. Ihre Augen werden als »entzündlich gerötet und wässrig« (S. 27) beschrieben. Zahlreiche Heiligenbilder weisen auf die Religiosität der Bewohner hin.

Am Nachmittag/Abend des Rückgabetages halten

sich die Mitglieder der Familie Baumert in ihrer Wohn- und Arbeitsstube auf und erwarten die Rückkehr des Vaters. Die Töchter und der nur beschränkt arbeitsfähige Sohn weben. Das vierjährige Enkelkind weint, weil es Hunger hat. Von dem Lohn des alten Baumert muss die sechsköpfige Familie den gesamten Lebensunterhalt bestreiten. Frau Baumert leidet unter den Existenzängsten. Ansorge, Wohnungsgeber der Baumerts, kann der Bitte der Arbeitenden nach mehr Licht in der Stube nicht nachkommen, weil er sich selbst kaum durchbringen kann.

■ Leben am Existenzminimum

Ähnlich geht es der schwangeren Frau Heinrich, die mit ihrem kranken Ehemann bereits neun Kinder hat. Als sie bei Baumerts um ein bisschen Mehl für ihre Kinder bittet, wird sie zurückgewiesen, weil diese selbst nichts mehr haben. Aus Frau Heinrichs Worten spricht eine solche Niedergeschlagenheit, dass die alte Baumert befürchtet, dass sich die Heinrich etwas antun könnte.

■ Typisches Schicksal einer Weberfamilie

Wenig später kehrt der alte Baumert mit dem ehemaligen Weber Moritz Jäger zurück. Jäger hat in den letzten Jahren beim Militär seinen Lebensunterhalt verdient. Später kommt Ansorge hinzu und die Männer unterhalten sich über die materielle Situation der Weber, die von dem bisschen Lohn noch verschiedene steuerliche Abgaben bestreiten müssen.

■ Moritz Jäger

Jäger skizziert die herrschenden sozialen Gegensätze (S. 41) und stellt seine Überlegungen zur Besserung der Situation vor: Hilfe sei nicht von den Herrschenden (König und Kirche) und den Unternehmern zu

Abb. 2: Handweber im Bergdorf. Aus: Deutschland-Bildheft Nr. 219 *Eulengebirge*, S. 46.

erwarten. Nur die Solidarität unter den Webern könne Abhilfe schaffen. Wenn alle zusammenhielten und Mut zum Protest aufbrächten, könnten sie sich Verbesserungen erstreiten. Jäger hadert auch mit der Justiz, die sich als parteilich entpuppt hat und behauptet, »de Weber kennten gutt und gerne auskommen, se wärn bloß zu faul« (S. 44). Schließlich zitiert er mehrere Strophen aus dem Weberlied. Es gelingt ihm, Baumert und Ansorge durch den Vortrag für seine Ziele zu gewinnen.

■ Hoffnung auf Besserung der Verhältnisse?

Die Bereitschaft und der Wille zur Veränderung der bestehenden Verhältnisse nehmen zu.

Dritter Akt

Die Regieanweisungen enthalten wieder eine ausführliche Beschreibung des Schauplatzes, dieses Mal der Wirtsstube der Welzels mitsamt ihrer Einrichtung in Peterswaldau. Es folgen Aussagen zum Aussehen und zur Kleidung der Wirtsleute: Beides lässt darauf schließen, dass sie über eine sichere Existenzgrundlage verfügen. Ferner befinden sich der Tischlermeister Wiegand und ein Reisender im Schankraum.

Aus den Unterhaltungen zu Beginn des Aktes am Mittag/frühen Nachmittag lässt sich erschließen, dass die Weber an diesem Tag wieder ihre Produkte bei Dreißiger abgeben. Die Gäste der Wirtsleute spekulieren über die mittlerweile erfolgte Neueinstellung von 200 weiteren Webern. Die Wirtsleute und Wiegand äußern sich herablassend und abfällig über die Weber. Die Unterhaltung erregt die Aufmerksamkeit des Reisenden, der von der Not der Weber in der Zeitung gelesen hat, jetzt aber Widersprüchliches vor Ort wahrnimmt: Ihm bleiben die pompösen Beerdigungsszenarien der Weber unverständlich, die im krassen Gegensatz zu ihrer Notlage stehen. Wiegand klärt ihn darüber auf, dass insbesondere die Kirchenvertreter an den Begräbnissen der tiefgläubigen Weber verdienen und diese deswegen dazu anstiften.

Das Weberelend aus der Perspektive eines Fremden

Das Gesprächsthema wechselt und nun steht der soziale Aufstieg (insbesondere der Dreißigers) im Mittelpunkt. Mit dem Eintreten Ansorges, Baumerts, eines

Bauern und eines Försters sowie weiteren Webern wechselt das Thema wieder zum Elend der Weber.

Nicht nur die Verleger beuten die Weber aus, auch der »Edelmann« (d. h. der Grundherr; S. 58) nutzt ihre Arbeitskraft aus. Selbst der Bauer verlangt von den Webern hohe Mieten für einen kleinen und schlechten Wohnraum oder zieht sie zu anderen Dienstleistungen heran. Die negativen Ansichten des Reisenden über die Weber versucht der Lumpensammler Hornig zu widerlegen: Hinweise darauf, dass die Nachforschungen der Regierung die Situation der Weber anscheinend als akzeptabel einstufen, werden von Hornig relativiert, indem er der ›offiziellen Version‹ seine eigenen Wahrnehmungen von den schlechten Verhältnissen der Weber gegenüberstellt.

■ Weitere Abgaben und Dienstleistungen

Als das Weberlied ertönt, betreten Jäger und Bäcker sowie weitere Weber das Wirtshaus. Mit ihnen entbrennt eine Diskussion unter den Anwesenden über die Frage, wie das Weberelend überwunden werden könne. Es bilden sich zwei Lager heraus: Die ältere Generation der Weber spricht sich gegen einen Aufstand aus, die jüngere befürwortet ihn. Allerdings schließen auch ältere Weber einen Protest nicht aus, wenngleich Baumert meint: »[…] wenn's im Guten ging', wärsch besser« (S. 63). Der Gendarm Kutsche betritt das Wirtshaus und teilt den Anwesenden mit, dass es verboten worden sei, das Weberlied zu singen. Das wiederum motiviert Bäcker, das Weberlied anzustimmen. Die mitsingenden Kollegen führt er zum Hause Dreißigers.

■ Hoffnung auf eine friedliche Lösung

Vierter Akt

In den Regieanweisungen wird ein privates Zimmer im Hause Dreißigers genau beschrieben. Der große Raum und das luxuriöse Interieur stehen im Gegensatz zur Enge der Stube und dem Gerümpel der Familie Baumert. Im angrenzenden Salon betrachten Frau Dreißiger und Frau Kittelhaus Bilder; Herr Pastor Kittelhaus und Weinhold, Hauslehrer bei den Dreißigern, führen ein Gespräch, während sie auf den Hausherrn warten. In dieser Unterredung geht es unter anderem um die Not der Weber. Es wird deutlich, dass Weinhold eher den Webern nahesteht, der Pastor jedoch Partei für die Gegenseite ergreift, indem er unterstellt, dass jeglicher Beistand für die Weber den sozialen Frieden untergrabe (S. 72).

■ Untergrabung des sozialen Friedens

Der eintretende Hausherr blickt aus dem Fenster auf den Zug der Weber, der am Hause Dreißigers eingetroffen ist. Als das Weberlied trotz Verbotes angestimmt wird, ereifert sich der Verleger. Durch den entrüsteten Pastor Kittelhaus erhält er Unterstützung: »Sie treten Gottes Gesetz mit Füßen« (S. 74). Weinhold versucht Verständnis für die Weber zu erwecken, was den Fabrikanten veranlasst, ihn fristlos zu entlassen.

Pfeifer stürzt herein und berichtet, dass ein Weber festgenommen und die Polizei informiert worden sei: Daraufhin wird Moritz Jäger hereingeführt, der die Anweisungen des Polizeiverwalters und Dreißigers ignoriert und die anderen Mitglieder der besitzenden

■ Jäger wird verhaftet

Oberschicht provoziert. Pastor Kittelhaus unternimmt Beschwichtigungsversuche, die erfolglos bleiben, so dass Kutsche Jäger abführt.

Gebrülle auf der Straße veranlassen den Verleger und den Pastor, ihre Betrachtungen über die Weber fortzusetzen. Sie verurteilen die Bemühungen um eine friedliche Lösung für die Not der Weber als verfehlt: »So haben sie denn mit all ihrer Humanität nichts weiter zuwege gebracht, als dass aus Lämmern über Nacht buchstäblich Wölfe geworden sind« (S. 83). Dreißiger plädiert dafür, dass die »leitenden Kreise[ ]« (S. 83) für den Schutz der Unternehmer sorgen müssen.

Pfeifer platzt mit der Nachricht in die Unterhaltung, dass die Weber Jäger befreit und den Polizeiverwalter sowie den Gendarm verprügelt und fortgejagt hätten. Kittelhaus bringt die Situation auf den Punkt: »Das wäre ja Revolution« (S. 84).

Eskalation und Flucht

Kurze Zeit später tritt der Verleger mit seiner Familie und Pfeifer die Flucht an, nachdem er noch mitbekommen hat, dass die Aufständischen den Pastor, der versucht hat, den Mob zu stoppen, misshandelt haben.

Nach der Flucht der Bewohner tritt eine kurze Ruhe ein, bevor die Weber das Haus erstürmen. Der pure Luxus, den sie zu sehen bekommen, verschlägt ihnen zunächst die Sprache. Dann aber plündern sie die Zimmer und zerstören die Einrichtungsgegenstände. Unter den Webern herrscht immer noch Uneinigkeit über das (zukünftige) Vorgehen. Während Bäcker die

Zerstörung bei weiteren Verlegern fortsetzen will, rufen andere Weber zur Zurückhaltung auf.

Fünfter Akt

Die Regieanweisungen des fünften Aktes erinnern an die Regieanweisungen des zweiten Aktes. In dem jetzt beschriebenen Weberstübchen haust der alte Weber Hilse mit seiner Familie: der blinden und fast tauben Frau, den jungen Eheleuten Hilse (Gottlieb, Hilses Sohn, und Luise, Hilses Schwiegertochter) sowie dem Enkelkind Mielchen. Die Stube ist ähnlich verfallen wie die der Baumerts, auch der Hausrat und die Kleidung sind ebenso erbärmlich.

■ Bei Weber Hilse

Am Morgen nach der Erstürmung des Hauses Dreißigers in Peterswaldau widmet sich der tief religiös empfindende Hilse im Nachbarort Langenbielau nach dem Morgengebet dem Weben. Trotz ihrer gesundheitlichen Probleme sind seine Ehefrau und die gesunden jüngeren Familienmitglieder in die Arbeitsprozesse des Webers einbezogen.

Zwischen dem alten Hilse und seiner Schwiegertochter entzündet sich ein Streitgespräch über den Nahrungsmangel. Hornig kommt und berichtet über die Neuigkeiten aus Peterswaldau. Als Hilse ihm keinen Glauben schenken will, beruft sich Hornig darauf, Augenzeuge der Plünderung und Zerstörung gewesen zu sein. Der hinzukommende Chirurgus Schmidt bestätigt die Aussagen Hornigs: Die Weber »[m]achen Revolution, Rebellion; werden renitent,

■ Berichte über die Ereignisse in Peterswaldau

plündern und marodieren« (S. 100). Er ermahnt die Hausbewohner, nicht den Verstand zu verlieren und warnt sie vor dem anrückenden Militär. Hilses Sohn Gottlieb – der auf dem Weg nach Peterswaldau war – kehrt atemlos in die Stube zurück. Er hat die Schar von Webern gesehen, die sich Langenbielau nähern. Gottlieb berichtet, dass sein Pate, der alte Baumert, ihn aufgefordert habe, mitsamt seinem Vater an dem Aufstand teilzunehmen. Der alte Hilse ist dazu nicht bereit. Luise reagiert dagegen begeistert auf die Aufforderung Baumerts: Sie entscheidet, sich dem Aufstand anzuschließen. Weil Hilse befürchtet, dass sein Sohn sich ebenfalls auf die Seite der Aufständischen begeben wird, versucht er diesen davon abzuhalten, indem er ihn an die kirchlichen Heilszusagen (wie etwa das ewige Leben im Paradies) erinnert.

Verschiedene Hausbewohner und Hornig informieren über die Ereignisse auf der Straße und die Erstürmung des Hauses des Verlegers Dittrich. Nachdem die Hausbewohner vor den aufständischen Webern geflüchtet sind, betritt Bäcker mit weiteren Webern das Stübchen Hilses. Sie weisen mit Stolz darauf hin, dass sie Selbstjustiz praktizieren. Der alte Baumert tritt ein und fordert Hilse auf, sich ihnen bei den geplanten weiteren Plünderungen und Zerstörungen anzuschließen.

■ Distanzierung von den Aufständischen

Aber Hilse distanziert sich von ihnen: »[I]ch und ihr, mir haben nischt nich gemeen« (S. 110). Er hält an seinen Zweifeln zur Umsetzbarkeit der Forderungen der Weber fest (S. 111) und verweist auf die drohende

Zuchthausstrafe. Bäcker lässt sich dadurch aber nicht beeindrucken; er, der alte Baumert und die übrigen Weber schließen sich wieder der Menschenmenge an. Das angerückte Militär feuert in die Menge und es gibt Tote und Verletzte. Gottlieb will seine Frau schützen und stürzt hinaus.

Der alte Hilse nimmt seine Tätigkeit am Webstuhl wieder auf. Erneut schießen die Soldaten. Hilse sackt, von einem Querschläger tödlich getroffen, zusammen. Draußen sind kurz darauf Hurra-Rufe zu hören. Die Aufständischen haben die Soldaten aus dem Dorf vertrieben.

3. Figuren

<table>
<tr><th>Gegner der Weber</th><th colspan="2">Weber und ihre Anhänger</th></tr>
<tr><td colspan="3">Oberschicht</td></tr>
<tr><td>Verleger und Fabrikant Dreißiger
Frau Dreißiger
Pastor Kittelhaus
Frau Kittelhaus</td><td colspan="2">Chirurgus Schmidt</td></tr>
<tr><td colspan="3">Mittelschicht</td></tr>
<tr><td>Polizeiverwalter
Pfeifer (Angestellter Dreißigers)
Neumann (Angestellter Dreißigers)
Lehrling (Angestellter Dreißigers)
Förster (Beamter)
Welzel (Wirtsleute)
Reisender
Wiegand (Tischlermeister)
[Bauer]</td><td colspan="2">Kandidat Weinhold
Schmiedemeister Wittig
Lumpensammler Hornig</td></tr>
<tr><td colspan="3">Unterschicht</td></tr>
<tr><td>Kutsche (Gendarm)
Arbeiter Dreißigers
Soldaten</td><td colspan="2">Weber</td></tr>
<tr><td></td><td>Anhänger</td><td>Bedenkenträger</td></tr>
<tr><td></td><td><u>Jüngere Weber:</u>
Bäcker
Jäger
Luise Hilse
Baumert
Ansorge
Gottlieb Hilse
Weberfrauen</td><td><u>Ältere Weber:</u>
[Gottlieb Hilse]
Der alte Hilse
Reimann</td></tr>
</table>

Frau Heinrich
Kinder

Abb. 3: Figurenkonstellation

Die Repräsentanten der Unterschicht

Die Unterschicht wird im Drama ausschließlich durch die Weber vertreten. Die große Masse der Weberfrauen und Weber wird wiederum durch zwei Familien und deren Mitglieder sowie weitere individuell gekennzeichnete Figuren repräsentiert. Dabei unterteilt Hauptmann die Weber nach ihrer Einstellung zum Aufstand in Befürworter (überwiegend jüngere Weber) und Ablehner (vor allem ältere Weber). Im Laufe der Auseinandersetzungen wechseln einzelne von ihnen auch von dem einen Lager in das andere.

Bäcker. Einer der Wortführer der Weber ist Bäcker, ein junger starker Weber, der gleich im ersten Akt selbstbewusst und furchtlos auftritt. Von Pfeifer lässt er sich den Mund nicht verbieten; zudem drängt er auf die Beachtung seiner Ehre, indem er erfolgreich darauf besteht, dass ihm der Lohn in die Hand (statt auf dem Zahltisch) ausgezahlt wird. Er verhält sich nach Dreißigers Ansicht respektlos, weil er das Weberlied als schön (»schee«, S. 18) und den Magen des Verlegers mit einem Kuhmagen, sein Gebiss mit dem eines Wolfes vergleicht. Das rechtfertigt nach der Meinung des Fabrikanten den Rauswurf Bäckers.

■ Ein Weber hat auch seine Ehre

Zunächst fordert Bäcker eine gerechte Entlohnung und kein »schäbiges Trinkgeld« (S. 17) für seine Webarbeiten. Im weiteren Verlauf der Handlung wird er immer entschiedener zum Befürworter und Anführer des Aufstandes (S. 21 und S. 61). Im Hause Dreißi-

■ Bäckers Vorstellungen und Pläne

gers beginnt er, seine Pläne für die Veränderungen der bestehenden wirtschaftlichen Verhältnisse umzusetzen, und plädiert dort für eine Fortsetzung der Plünderungen: »Von hier aus geh mer nach Bielau nieber, zu Dittrichen« (S. 91), später fordert er: »[A]nderscher muss doch werden. [...] Was mir nich gutwillig kriegen, das nehmen mir mit Gewalt« (S. 111). Selbst die Androhung einer fünfjährigen Zuchthausstrafe vermag ihn nicht von seinem Vorhaben abzubringen.

Moritz Jäger. Der zweite Anführer des Weberaufstandes ist Moritz Jäger. Dabei passt er vom Aussehen her gar nicht zu den anderen Webern: Der stramme, mittelgroße und rotbäckige ehemalige Soldat (S. 33) trägt Schuhe, vollständige Kleidung und ein sauberes Hemd (S. 33). Jäger hat seit seiner Rückkehr genug Missstände gesehen, um Baumert die Notwendigkeit vor Augen zu führen, dass es bei den Webern nicht mehr lange so weitergehen kann (S. 36). Beim Militär hat er viele Dinge kennengelernt, so dass er im Gegensatz zu seinen Weberfreunden die Standardsprache beherrscht und mit seinem Wissen und seinen Erfahrungen viele Umstände besser erkennen und einschätzen kann: etwa die sozialen Gegensätze, die in seiner Heimat herrschen (S. 41). In schwierigen Situationen hilft ihm seine Ironie weiter, mit der er die Repräsentanten der Ordnung der Lächerlichkeit preisgibt (z. B. S. 78–81).

■ Ehemaliger Soldat und heutiger Sympathisant

Baumert erkennt die besonderen Fähigkeiten Jägers und fordert ihn auf, sich für die Interessen der Weber einzusetzen (S. 42). Jäger ist bereit, sich an die Spitze der Hungerleider zu stellen und sich mit den Verlegern anzulegen; er nennt auch die Voraussetzung für eine erfolgreiche Umsetzung seiner Pläne – nämlich Solidarität unter den Webern: »Wenn mir und mer kennten's ufbringen, dass m'r zusammenhielten, [...] Da braucht m'r keen'n Keenich derzu und keene Regierung, da kennten m'r eenfach sagen: mir wolln das und das und aso und aso ni [...]« (S. 43). Zur Veranschaulichung der Situation der Weber zitiert er aus dem Weberlied, wobei sein Vortrag »Verzweiflung, Schmerz, Wut, Hass, Rachedurst« (S. 44) zum Ausdruck bringt. Danach wollen sich Baumert und Ansorge für die Veränderung der bestehenden Verhältnisse einsetzen: »Mir leiden's ni mehr, mag kommen, was will« (S. 47).

■ Die Weber brauchen Solidarität

■ Das Weberlied rüttelt die Weber auf

Jägers Verhaftung durch Kutsche im Hause Dreißigers währt nur kurz. Die Weber befreien ihn wenig später aus den Händen der Ordnungshüter. Am Ende des Dramas kämpft er furchtlos an der Seite Bäckers in den Reihen der Weber.

■ Furchtloser Widerständler

Robert Baumert. In den Regieanweisungen des zweiten Aktes wird zunächst Baumerts armselige Wohnsituation beschrieben: Das »Stübchen« (S. 27) ist eng und halb verfallen. Der Blick auf die notdürftige und zerschlissene Bekleidung (»Lumpen«) und das Aussehen (»abgemagert zum Skelett«, S. 27) der Mitglieder der sechsköpfigen Familie bestätigt, dass Baumert und seine Angehörigen typische Repräsentanten der Weber sind.

■ Typischer Repräsentant der Weber

Vom Zweifler zum Befürworter

Am Beispiel Baumerts sieht der Leser, wie die Weber immer mehr den Vorstellungen ihrer Anführer folgen. Selbst zu Beginn der Unterredung mit Jäger erwartet er noch Hilfe vom König (S. 40). Doch das von Jäger vorgetragene Weberlied öffnet Baumert die Augen. Die Wirkung des Liedes auf ihn wird in den Regieanweisungen deutlich: Baumert ist »von den Worten des Liedes gepackt und im Tiefsten aufgerüttelt« (S. 45). In diesem Zustand formuliert er gegenüber seiner Frau: »Hier ist die Folterkammer. Der das geschrieben, Mutter, der sagt die Wahrheet« (S. 45). Von nun an sind die Verleger für ihn »Schurken« und »Satansbrut« (S. 47). Dennoch ist Baumert nicht gleich dazu bereit, wie die Anführer des Aufstandes Gewalt einzusetzen, um eine Veränderung herbeizuführen: »Ich sag' o itzt noch: wenn's im Guten ging', wärsch besser« (S. 63).

Gewaltanwendung statt friedlicher Lösung

Gegen Ende des fünften Aktes trifft Baumert in Begleitung anderer Aufständischer auf Hilse. Er will ihn dazu bewegen, sich ihnen anzuschließen – und Gewalt anzuwenden. Baumert vertraut seinem alten Freund seine ›neue‹ Einsicht an: »Ich wer euch was sagen: mir haben halt an Fehler gemacht: zulangen miss mer« (S. 108). Und wenig später begründet er seinen Meinungswechsel: »Ich wollte ja gerne nich mitmachen. Aber [...] d'r Mensch muss doch a eenziges Mal an Augenblick Luft kriegen« (S. 113).

Wilhelm Ansorge. Ein weiterer Vertreter der älteren Weber ist Wilhelm Ansorge, der eine verfallene Hütte bewohnt und ein Zimmer seiner Behausung an die Familie Baumert vermietet hat. Auch sein »hünenhafte[r] Knochenbau« und sein »verwildert[es]« (S. 30) Aussehen deuten darauf hin, dass er wie seine Mieter von seinen materiellen Engpässen beherrscht wird.

Seiner alten Tätigkeit kann er zurzeit nicht nachgehen, so dass er sich auf das Flechten von Weidenkörben verlegt hat. Gleichwohl kann er damit nicht genug verdienen, um seine steuerlichen Abgaben entrichten zu können. So treibt ihn die Sorge um, dass er sein (schadhaftes) Dach über dem Kopf auch noch verlieren wird. Sollte dieser Fall eintreten, will er lieber sterben. Im Rückblick berichtet er über das frühere Verhältnis von Verlegern und Webern: Der weit verbreitete Egoismus der Verleger sei heute die Ursache für das Elend der Weber. Deshalb ist er der Überzeugung, dass – wären die Verleger »gute Menschen« – keine »schlechte[n] Zeiten« (S. 42) für die Weber herrschten. Wütend fordert er: »Und das muss anderscher wern, sprech' ich, jetzt uf der Stelle. Mir leiden's ni mehr! Mir leiden's ni mehr, mag kommen, was will« (S. 47). Trotzdem nimmt Ansorge seine alte Tätigkeit wieder auf, indem er sich vom Verleger Garn zum Verarbeiten holt. Allerdings durchschaut er das gesamte Ausbeutungssystem der Herrschenden ganz genau: »'s is halt aso: was uns d'r Fabrikante iebrichlässt, das holt uns d'r Edelmann vollens aus d'r Tasche« (S. 58).

Verhältnis von Verlegern und Webern

Ansorge ist folgerichtig unter den aufständischen Webern, die Dreißigers Villa erstürmen und plündern. Aber das Geschehen und das, was er dort an Luxus zu sehen bekommt, überfordern ihn. Er bemerkt, dass er fast seinen Verstand verliert. Aber eins spricht er klar und deutlich aus, nämlich seine Motivation zur Revolte: »Nimmst du m'r mei Häusl, nehm' ich d'r dei Häusl« (S. 91).

■ Ein Realist, der fast den Verstand verliert

Luise Hilse erweist sich beim Weberaufstand furchtloser als ihr Schwiegervater (der alte Hilse) und ihr Mann Gottlieb. Schon bevor sie sich den Aufständischen anschließt, ist ihr Verhältnis zu ihrem Schwiegervater nachhaltig gestört und zu ihrem Mann sehr angespannt. Während Gottlieb nahezu immer den Anordnungen seines Vaters folgt, weist sie die Vorstellungen ihres Schwiegervaters, wie fromm sie zu leben, sich zu ernähren und ihr Kind zu erziehen habe, zurück. Gottlieb muss sich wegen seines Gehorsams des Öfteren ihren Spott gefallen lassen: »[…] zieh d'r a Reckel an und sprich Gebetl, so bist'n Vater recht. – Und das will a Mann sein?« (S. 102).

■ Aktive Weberfrau

■ Lehnt sich gegen Patriarchat auf

Als der alte Hilse ihr wieder einmal eine Standpauke bezüglich der Behandlung ihres Mannes und der Erziehung ihrer Tochter gehalten hat, reagiert sie ungehalten: Luise erklärt dem Alten, dass sie wegen ihrer Muttergefühle für ihre Tochter die Verleger zur Hölle wünschen müsse. Diese sind ihrer Meinung nach schuld am Hungertod ihrer drei Kinder, an dem Elend, das sie alle umgibt und das verhindert, dass ihre einzig überlebende Tochter in besseren Verhältnissen aufwachsen kann. Sie beschreibt die unzähligen

■ Eine Mutter sorgt für ihr Kind

Mühen, die sie aufgewandt hat, damit ihre Tochter überleben kann und nicht wie ihre übrigen Kinder verhungern muss. Dem alten Hilse hält sie vor, dass ihre kleine Tochter von seinem Beten und Singen nicht satt geworden sei. Sie kündigt ihm an, dass sie sich den Aufständischen anschließen werde, wenn es in Kaschbach »losgeh[en]« (S. 103) sollte: »[...] stirmen se Dittrichens Gebäude – ich bin de erschte – und Gnade jeden, der mich will abhalten. – Ich hab's satt, aso viel steht feste« (S. 103). Die Vorwürfe Hilses überhört sie. »[I]n [ihrer] Raserei« (S. 103) wirft sie ihm völliges Versagen und Verzagtheit vor. Sie verlässt die Webstube und schließt sich wie vorausgesagt den Aufständischen an (S. 112).

Eine Weberfrau berichtet später, dass Luise sich in vorderster Linie der Aufständischen bewegt. Gottlieb kehrt nun auch dem Alten den Rücken und eilt ihr zu Hilfe, während Hilse im »Haus[e]« (S. 116) zurückbleibt und sich zum Weben an seinen Webstuhl setzt.

■ Luise kämpft in vorderster Linie

Gottlieb Hilse. Der Sohn des alten Hilse sitzt zwischen den Stühlen: Auf der einen Seite bevormundet ihn der Vater, indem er ihm vorschreibt, wie er sich zu verhalten habe. Auf der anderen Seite bemüht sich seine Frau darum, Einfluss auf ihn auszuüben.

Lange Zeit sieht es so aus, als ob Gottlieb den Anordnungen seines Vaters folgt. Erste Zweifel an den Vorschriften des Alten kommen ihm, als ihn sein Pate, Robert Baumert, auffordert, sich den Rebellen anzuschließen. »Mit Leidenschaft« (S. 102) stellt er sei-

Gottliebs innerer Kampf: Gehorsam oder Auflehnung?

nem Vater die Zukunftsvisionen des alten Baumert vor. Gottlieb äußert dann sogar Zweifel an der Lebensmaxime des Alten. Er weist darauf hin, dass es keinen Zeugen dafür gebe, dass fromme Menschen für die Entbehrungen auf der Erde mit dem ewigen Leben entschädigt würden. Er bekräftigt seinen Entschluss: »Ich wer gehn und wer arbeiten. Mag kommen, was will« (S. 105). Dennoch wirkt er unentschieden: Einerseits verteidigt er seinen Vater gegen einen aufdringlichen jungen Weber, andererseits prüft er unmittelbar darauf, ob er seine Axt als Waffe gebrauchen kann (S. 113). Als seine Eltern gerade versuchen ihn zu beschwichtigen, feuern die Soldaten in die Menge. Gottlieb kann sich kaum noch kontrollieren und in »tiefer innerer Aufregung« (S. 114) fragt er zurück: »Na, soll man sich etwa jetzt o noch kuschen?« (S. 114).

Gottliebs Motiv: seine Frau beschützen

Nach weiterem Zögern (S. 115) greift er schließlich zur Axt und erläutert seinem Vater die Gründe für seine Entscheidung, sich den Aufständischen anzuschließen: »Soll mir mei Weib derschossen werd'n? Das soll nich geschehn! (S. 116).

Der alte Hilse. Mit wenigen Ausnahmen sprechen sich die älteren Weber gegen den Aufstand aus. Sprecher dieser Webergruppe ist Gustav Hilse. Er stellt die Kontrastfigur zu den aufständischen Webern dar.

Kontrastfigur zu Aufständischen

Ehemaliger Soldat

Hauptmann beschreibt Hilses Aussehen in der Regieanweisung als Folge der harten Arbeit und der unzähligen Entbehrungen. Als Soldat hat er einen Arm verloren (S. 104). Ferner ist er »ein bärtiger, starkknochiger, aber nun von Alter, Arbeit, Krankheit und Strapazen gebeugter und verfallener Mann« (S. 92). Wie andere Weber scheint er nur noch aus Haut und Knochen zu bestehen. Da er kaum ans Tageslicht gelangt, besitzt er eine »fahle[] Gesichtsfarbe« (S. 92) und seine Augen sind ebenso entzündet wie die seiner Kollegen.

Nach der Auseinandersetzung mit Luise um den Anschluss an die Rebellen will der alte Hilse seinen Sohn überreden, sich von den Aufständischen fernzuhalten. Er kontert Luises Vorwurf, sich aus Furcht vor den Mächtigen und um das eigene Leben nicht dem Aufstand anzuschließen, indem er vor Gottlieb auf seine heroischen Kriegsverletzungen verweist und behauptet: »O viel zu gerne, viel zu gerne tät' ich Feierabend machen. Zum Sterben ließ ich mich gewiss ni lange bitten. Lieber heut wie morgen« (S. 104).

Keine Angst vor dem Tod

Da Hilse die Ausbeutungspraktiken der Verleger genau kennt, sieht er seinen Tod als Erlösung aus diesem Jammertal. Aber das ewige Leben setzt die Frömmigkeit im Diesseits voraus. So malt er seinem Sohn die positiven Folgen eines gottgefälligen Lebens aus: »[...] zweifle nich an dem eenzigten, was mir armen Menschen haben. [...] Ich hab' was in aller der Not. [...] Du hast hier deine Parte – ich drieben in jener Welt [...] ich hab' 'ne Gewissheet. Es ist uns verheißen« (S. 105). Aufgrund dieser Zuversicht distanziert er sich später von den rebellierenden Webern: »[...] mir haben nischt nich gemeen« (S. 110). Er hat zudem

Glaube und Frömmigkeit

erhebliche Zweifel an der Umsetzbarkeit der Ziele der Aufständischen, so dass er sich ihnen auf keinen Fall anschließen will. Als die ersten Schüsse fallen, betet er für seine Kollegen: »Nu, lieber Herrgott im Himmel! schitze die armen Weber, schitz meine armen Brieder!« (S. 114). Er klammert sich unerschütterlich an seinen Glauben: »Ich nich! [...] Hie hat mich mei himmlischer Vater hergesetzt. [...] Hie bleiben mer sitzen und tun, was mer schuldig sein [...]« (S. 116). Nachdem er sowohl seinen Sohn, der sich unter die Aufständischen mischt, nachdem die Soldaten auf diese schießen, als auch seine Schwiegertochter nicht von den Rebellen hat fernhalten können, verliert er am Ende doch sein Leben – obwohl er sich im Vertrauen auf Gott aus den Auseinandersetzungen hatte heraushalten wollen.

Die Repräsentanten der Mittelschicht

Das Stück enthält auch Figuren, die die Mittelschicht repräsentieren. Da sie unter den herrschenden Verhältnissen weniger leiden als die Weber, stehen diese Figuren dem Aufstand ganz unterschiedlich gegenüber: Es gibt Gegner, aber auch **Anhänger** des Weberaufstandes. Der Lumpensammler Hornig sowie der Schmiedemeister Wittig gehören zur Gruppe der Letzteren.

■ Anhänger der Weber

Der Lumpensammler Hornig. Die Zuordnung des kleinen, o-beinigen, alten Lumpensammlers Hornig zu den Repräsentanten der Mittelschicht ist historisch unsicher. Dennoch erscheint sie in diesem Drama vertretbar, denn er behauptet von sich, dass er lesen kann (S. 59) und tritt zudem als selbstständiger Kaufmann auf. Damit steht er gesellschaftlich über den Webern, aber unter den übrigen Kaufleuten. Dass Hornig nicht zu den Kaufleuten gehört, wird durch den Tischlermeister Wiegand bestätigt: Er verdächtigt Hornig, zusammen mit den Webern den Fabrikanten etliche Garnrollen zu stehlen (S. 56).

Da Hornig viel in der Region herumkommt, kennt er sich gut aus. Dies trifft auch auf die materielle Situation und die Wohnverhältnisse der Weber zu. Dass er mit den Webern sympathisiert, wird deutlich, als er dem Reisenden bezüglich der behördlichen Nachforschungen zum Elend der Weber widerspricht. Hornig sieht sich in der Lage, die offizielle Version zu korrigieren: »Zu mir hätten se solln kommen, de Herrn von d'r Regierung, die's nich haben glooben wollen, dass hier 'ne Not wär'. Ich hätt'n amal was ufgezeicht« (S. 60). Sein Verständnis für den Protest und sein optimistisches Eintreten für die Belange der Weber wird durch seinen Kommentar am Ende des dritten Aktes deutlich, als die Weber das Wirtshaus zu Dreißigers Haus aufbrechen: »A jeder Mensch hat halt 'ne Sehnsucht!« (S. 70).

Im letzten Akt nimmt er die Rolle des Boten ein, der im Hause Hilses als Augenzeuge über die Ereignisse in Peterswaldau berichtet und das aktuelle Geschehen in Langenbielau kommentiert. Die Art und

Weise seiner Darstellung lässt erkennen, dass er Partei für die Weber ergreift. Er zitiert Dreißiger: »[…] de Weber kennten ja Gras fressen, wenn se hungern täten« (S. 97). Vor diesem Hintergrund heißt er ihre »Rache« (S. 97) an den Fabrikanten gut.

Der Schmiedemeister Wittig. Der grauhaarige, oft jähzornige und aufbrausende Schmiedemeister Wittig (S. 62, 66 und 67) ist bei den Webern sehr beliebt, gleichwohl begibt er sich zu ihnen zunächst auf Distanz. Er kann sich nicht vorstellen, dass sie »Rebellion machen« (S. 63) wollen. Indem er sich auf die Ereignisse der Französischen Revolution beruft, sagt er den Webern Schwierigkeiten bei der Realisierung ihrer Ziele voraus. Die Fabrikanten würden am Ende siegen, so lautet seine pessimistische Einschätzung: »Das bissl Forsche, was die [die Weber] noch im Leibe hab'n, das werd 'n d'r Fabrikante schon noch vollens austreiben« (S. 65).

■ Anfängliche Skepsis

Aufgrund einer alten Auseinandersetzung ist sein Verhältnis zum Gendarm Kutsche sehr angespannt. Kutsche charakterisiert ihn als Aufrührer und droht ihm deshalb mit Folgen: »Dei ufriehrerisch Maulwerk, das is längst bekannt bis nuf zum Landrat. […] bis 's wird a Ende mit Schrecken nehmen« (S. 67). Wittig erwidert seinerseits die Drohung: Sollte Kutsche ihn durch schlechten Leumund bei seinen Kunden in Verruf und damit in wirtschaftliche Schwierigkeiten bringen, würde er ihm den Schädel einschlagen (S. 68).

■ Feindschaft zu Gendarm Kutsche

Als der Gendarm den Webern das Singen des Weberliedes verbietet, stellt sich Wittig an die Spitze der Weber: »Gar nischt hat a uns zu verbieten [...]. Das geht niemanden nischt an« (S. 69). Der eher zurückhaltende und distanzierte Schmiedemeister hat sich radikalisiert und führt nun den Zug der Weber zum Hause Dreißigers. Bei der Erstürmung sucht er auf Seiten der Weber nach dem Verleger. Er fordert die Rebellen zum Mord an dem Verleger auf: »Wenn m'r 'n kriegen, knippen mer'n uf« (S. 90). Wittig ist an weiteren gewalttätigen Übergriffen beteiligt: Er schlägt in Langenbielau die Haustüren des Verlegers Dittrich ein, um den Webern Eintritt zu verschaffen, und fordert im Hause Hilses die Bewohner mit den Worten: »Druf! wer de kee Hundsfott sein will, hurra!« (S. 112) auf, aktiven Widerstand zu leisten.

Von Zurückhaltung zu aktivem Widerstand

Die Mehrzahl der Repräsentanten der Mittelschicht sind jedoch **Gegner** des Weberaufstandes. Das gilt für den Reisenden, der als Handelsvertreter die Region besucht. Die beiden Wirtsleute, die an den Webern verdienen, der Handwerker Wiegand und die Ordnungshüter Heide und Kutsche – wobei Letzterer nur bedingt zu dieser Schicht gehört – sowie die Arbeiter Dreißigers (Pfeifer, Neumann und der Lehrling) repräsentieren außerdem die Gegenseite.

Der Reisende kennt im Gegensatz zu den Webern keine Entbehrungen. Seine äußere Erscheinung lässt darauf schließen, dass er gut genährt und modern gekleidet ist. Ferner wird er als heiter, »lebhaft und frech« (S. 49) beschrieben. So drängt er sich der 17-jährigen Tochter der Wirtsleute auf. Obwohl er über Informationen über die Not der Weber aus der Zeitung (»die schauerlichsten Geschichten«, S. 50) verfügt, kann er sich nicht in die Situation der Weber einfühlen. Ihm fehlt jedes (Rechts-)Verständnis für ihre Probleme (S. 57). Ihm genügt, dass die »Regierung« (S. 60) Nachforschungen über das Elend hat anstellen lassen. Das Ergebnis ist für ihn nicht mehr interessant, so dass er die von Hornig geübte Kritik an den behördlichen Vorgehensweisen ignoriert.

Persönliche Ignoranz

Der Tischlermeister Wiegand. Schon zu Beginn heißt es über den Tischlermeister: »[E]r weiß, worauf es in der Welt ankommt, wenn man ein Ziel erreichen will« (S. 49). Dazu gehört neben seinen beruflichen Fähigkeiten auch ein gewisses Maß an Rücksichtslosigkeit. Von ihr behauptet Wiegand, dass sie die Voraussetzung für den wirtschaftlichen Erfolg und damit auch für den sozialen Aufstieg sei: »Wer de will mitkummen, muss sich derzuhalten« (S. 55). Durch den Hinweis auf seine sieben Mitarbeiter unterstreicht er zum einen die Richtigkeit seiner Strategie und zum anderen seine Bereitschaft, diesen Männern einen Arbeitsplatz zu bieten. Dabei fußt Wiegands Erfolg vor allem auf den Opfern der Weber: Durch die hohe (Kinder-)Sterblichkeit innerhalb der Weberfamilien verdient Wiegand an den vielen von ihm gezimmerten Särgen.

Die Prinzipien des Vorankommens

Pfeifer. Der ehemalige Weber Pfeifer ist in Dreißigers Firma zum Angestellten aufgestiegen. Er nimmt die fertigen Produkte der Weber an, begutachtet sie und setzt den Lohn fest. An seiner Körperhaltung erkennt man, dass er früher Weber war (S. 10). Heute ist er gut genährt und entsprechend gekleidet.

Sozialer und beruflicher Aufstieg

Dass er als Angestellter selbst von dem Verleger abhängig ist und sich damit in derselben Situation wie die Weber befindet, verdrängt er völlig: Er setzt die Weber nicht nur durch seine Kritik an ihrer abgelieferten Ware unter Druck, sondern schikaniert und demütigt sie auch noch. Seine Ankündigung »Wer gut webt, der gut lebt« (S. 15) ist absolut unzutreffend, weil er gar keine gute Ware finden will. In seinem Umgang mit Bittstellern zeigt er sich hartherzig, indem er die Konkurrenz unter den Webern ausnutzt, um seine eigene Macht zu demonstrieren und die zahlreichen Begehren der Weber abzuschmettern. Scheinheilig versucht er, seine Ablehnung und die Erniedrigung der Weber mit der kirchlichen Arbeitslehre zu rechtfertigen: »Wer fleißig is und seine Sache versteht und in der Furcht Gottes seine Arbeit verricht't, der braucht ieberhaupt nie keen'n Vorschuss nich« (S. 13).

Der Mann mit den zwei Gesichtern

Ein völlig verängstigter und nicht wiederzuerkennender Pfeifer bettelt Dreißiger hingegen im vierten Akt an, ihn nicht zurückzulassen und der Rache der Rebellen auszusetzen. In der Regieanweisung heißt es: Er »weint, wimmert, bettelt, winselt« (S. 88 f.). Er klammert sich wie ein hilfloses Kleinkind an den Verleger, der ihn schließlich mitnimmt.

Am Ende: machtlos

Die Repräsentanten der Oberschicht

Nothelfer und Warner

Der Chirurgus Schmidt. Der Arzt der Weber wird als »kugliges Männchen mit weinrotem, pfiffigem Gesicht« (S. 99) beschrieben. Er kümmert sich um die Weber in dem »Haus« (S. 99), in dem auch die Familie Hilse wohnt. Nach seiner Wahrnehmung »[w]üte[t]« der Zug der Aufständischen nach Langenbielau »wie'n Rudel Welfe«; die Weber »[m]achen Revolution, Rebellion; werden renitent, plündern und marodieren …« (S. 100). Dieses Verhalten und die hohe Beteiligung (von zirka 1500 Personen) lassen ihn von einem »Weltuntergang« sprechen, der ihm »[u]nheimlich« erscheint (S. 100). Aus fürsorglichen und medizinischen Gründen warnt er bei seinem Abschied die Weber: »Macht keene Tummheiten. Militär kommt gleich dahinterher. Bleibt bei Verstande« (S. 101).

Ein Mann der Kirche und Freund der Reichen

Kittelhaus. Als »ein kleines, freundliches Männchen« (S. 71) wird der Pastor beim Diner beim Ehepaar Dreißiger eingeführt. In dem einleitenden Gespräch mit dem Lehrer Weinhold wird deutlich, dass er dessen positive Ansichten über die Weber nicht teilt. Er schlägt sich im Gegenteil auf die Seite des Verlegers und verurteilt die Parteinahme für die Weber als Untergrabung des sozialen Friedens (S. 72). Die Weber verdammt er in Bausch und Bogen, weil sie ihre Gottesfurcht aufgegeben hätten: »Sie nehmen teil an diesem unerhörten Unfug. Sie treten Gottes Gesetz mit Füßen« (S. 74). Die aufständischen Aktivitäten erregen ihn so sehr (»bebend vor Erregung«, S. 79), dass er in dem Konflikt intervenieren will. So kommt es zu einem Bündnis von Altar und Kapital.

Bei seinem Schlichtungsversuch appelliert er an die allgemein verbreitete Frömmigkeit der Weber: »Sei brav, sei ein Christ! Denk an das, was du gelobt hast. Halt Gottes Gebote, sei gut und sei fromm« (S. 80). Seine eigentlichen Ansichten über die Weber fasst er aber – verbunden mit einem Angriff auf die Vereine und Organisationen, die das Elend der Weber zu lindern versucht haben – mit folgenden Worten zusammen: »So haben sie [die Vereine] denn mit all ihrer Humanität nichts weiter zuwege gebracht, als dass aus Lämmern über Nacht buchstäblich Wölfe geworden sind« (S. 83). Die weiteren Maßnahmen der Weber, nämlich Jäger zu befreien und die Ordnungshüter zu verprügeln, verurteilt er missbilligend als »Revolution« (S. 84). Sein Versuch, im Vertrauen auf Gottes Hilfe »mit den Leuten mal ernstlich [zu] reden« (S. 85), scheitert kläglich: Die Weber misshandeln ihn (S. 87). Denn Kittelhaus genießt aufgrund seiner entschiedenen Parteinahme für die Reichen nicht mehr das sonst übliche Ansehen, Seelsorger für die ausgebeuteten Hungerleider zu sein – obwohl es ihm gerade um die Seelsorge gehe, wie er dem Lehrer Weinhold nahelegt: »Seelsorger, werde kein Wanstsorger! Predige dein reines Gotteswort« (S. 72).

■ Zweifel an seiner Tätigkeit als Seelsorger

Das Ehepaar Dreißiger. Die beiden Eheleute stellen Prototypen des sozialen Aufstiegs dar: Frau Dreißiger

■ Zwei Aufsteiger

ist die Tochter eines Bürgermeisters aus »kleenlichen Verhältnissen« (S. 86) und hat in die Industriellenfamilie Dreißiger eingeheiratet. Der Großvater ihres Mannes hat die Grundlagen des heutigen Wohlstandes geschaffen (S. 55).

Verdrängung der Schuld

Rosa Dreißiger wird als hübsche 30-jährige Frau (S. 73) beschrieben, die das Missverhältnis zwischen ihrer äußeren gepflegten Erscheinung und ihren einfachen Verhaltensweisen, die auf ihrer Herkunft aus einem niedrigeren sozialen Umfeld beruhen, nicht verbergen kann. Sie geht bei den Geschäften ihres Mannes davon aus, dass er den Reichtum ihrer Familie »auf rechtlichem Wege« (S. 86) erworben habe. Die Ausbeutung und unmenschliche Behandlung seiner Arbeiter verdrängt bzw. schreibt sie den allgemein schlecht gehenden Geschäften zu.

Patriarch und Ausbeuter

Der ›Steckbrief‹ Dreißigers in der Regieanweisung lautet: »Junger Vierziger. Fettleibig, asthmatisch. Mit strenger Miene« (S. 17). Seine weiteren Eigenschaften sind unter anderem: Jähzorn, Ungeduld, Unbeherrschtheit und Brutalität. Von seinen Arbeitern verlangt er absolute Unterwerfung (S. 18), sonst droht er ihnen mit der Polizei. Als am Abgabetag ein Weberkind zusammenbricht, nutzt er dies als Möglichkeit, sich als Wohltäter und fürsorglicher Patriarch zu profilieren (S. 21). Seine ausbeuterischen Strategien erläutert er in seinem von Selbstmitleid strotzenden Monolog (S. 22–24): In diesem klagt er über die schlecht laufenden Geschäfte und die damit verbundenen Folgen für sein Unternehmen. Durch seine

Drohung, das Geschäft gegebenenfalls aufzugeben, erhöht er den Leistungsdruck auf seine Arbeiter. Mit der Neueinstellung von 200 weiteren Webern steigert er außerdem die Konkurrenz unter den Webern, wodurch es ihm wiederum ermöglicht wird, ihren Lohn zu mindern; aus Angst um ihren Job trauen sich die Weber (zunächst) nicht, dagegen aufzubegehren. Ihre Bitten hört er sich gar nicht erst an.

Egoist und Heuchler

Im vierten Akt entlässt Dreißiger fristlos Weinhold, weil der seine Anschauungen über die Weber (»Bande!!!«, S. 74) nicht teilt. Devot tritt er allerdings gegenüber dem Vertreter der staatlichen Obrigkeit, dem Polizeiverwalter, auf: »Ergebener Diener, Herr Verwalter!« (S. 76). Die Durchsetzung seiner privaten Interessen, dem »arbeitsscheue[n] Gesindel, […] [gründlich] das Handwerk [zu] legen« (S. 77), ist seines Erachtens im Sinne des öffentlichen Interesses. Er betrachtet die Rebellion der »früher gesittete[n] und ordentliche[n]« (S. 82) Weber als Herausforderung, der mit allen zur Verfügung stehenden Mitteln begegnet werden muss. Zur Unterstützung der heimischen industriellen Unternehmen hofft er auf gesetzliche Initiativen des Staates. Er wiederholt seine Strategie, sich als Wohltäter und fürsorgender Arbeitgeber aufzuspielen, auch bei Kittelhaus.

4. Form und literarische Technik

Zur Frage der Gattungszugehörigkeit

Gerhart Hauptmann hat sein Drama als »Schauspiel aus den vierziger Jahren« (S. 5) bezeichnet. Mit dieser Bezeichnung gibt er seinen Lesern keine konkreten Hinweise auf die von ihm angestrebte Lesart seines Dramas.

Die Weber als soziales Drama

Auch wenn der Autor alles daransetzen musste, gegenüber der Zensurbehörde den Eindruck zu vermeiden, dass es sich bei seinem Werk um ein gesellschaftskritisches soziales Drama handele (siehe hierzu Kap. 8 »Rezeption«, S. 109), hat sich heute in der Sekundärliteratur genau diese Genrebezeichnung »soziales Drama« für das Schauspiel durchgesetzt.

Darstellung gesellschaftlicher Missstände

Als allgemeine Merkmale dieser Gattung werden folgende Aspekte genannt: Vor dem Hintergrund gesellschaftlicher und wirtschaftlicher Missstände werden die Probleme der Unterschicht dargestellt. Meistens geht es inhaltlich um Konflikte, die sich aus den gegensätzlichen materiellen Interessen der Beteiligten ergeben – so auch in Hauptmanns Drama: Die Weber fürchten die Verarmung und üben Kritik an ausbeuterischen Verhaltensweisen der Verleger; die Fabrikanten wiederum bangen um ihre Profite, die durch die wirtschaftliche Rückständigkeit Preußens und die kapitalistischen Entwicklungstendenzen immer geringer ausfallen. Ihre Überlebensstrategie besteht darin, die Löhne der Weber weiter zu senken, indem sie die Konkurrenz unter den Arbeitern ausnutzen und durch Neueinstellungen die Arbeitslöhne noch weiter herabsetzen. In Hauptmanns Drama kommt für die unter dem Existenzminimum dahinvegetierenden Weber hinzu, dass die Qualität ihrer abgelieferten Produkte willkürlich als minderwertig abgewertet wird und ihre Waren deshalb schlechter bezahlt werden. So werden die Weber zum Opfer der unerbittlichen wirtschaftlichen Verhältnisse, gegen die sie schließlich aufbegehren.

Um die Bedeutung des gemeinschaftlichen Kampfes der Weber dramatisch darzustellen, nutzt Hauptmann einen epischen Erzähler in seinem Stück, der einige ausgewählte Figuren auf der Bühne agieren lässt, die die Masse der Weber und ihre unterschiedlichen Strömungen mitsamt den verschiedenen Zielen und Forderungen repräsentieren: Sie werden insbesondere durch die Familien Baumert und Hilse vertreten, wobei Erstere zu den Befürwortern, der alte Hilse aus Letzterer zu den Gegnern des Aufstandes zählt. Hauptmanns Umsetzung beruht auf seiner Einsicht, dass Massenszenen auf der Bühne nur schwer darstellbar sind. Daraus ergeben sich erhebliche Konsequenzen für seine Figurenkonzeption.

■ Bedeutung der Gemeinschaft

Die Kompositionsprinzipien des Schauspiels

Die notwendig gewordene Veränderung in der Figurenkonzeption betrifft vor allem den Fokus der herkömmlichen Dramen auf bekannte Einzelfiguren:

■ Veränderte Figurenkonzeption

Diese stehen bei Hauptmann nicht mehr im Mittelpunkt des Interesses, sondern stattdessen bestimmte Typen, die die Weber und andere beteiligte soziale Gruppierungen repräsentieren. Entsprechend teilt Hauptmann die Weber in zwei Figurenkreise auf, die für die unterschiedlichen Mentalitäten und die zu beobachtenden Verhaltensweisen der vielen Mitglieder dieser Schicht stehen: Bei dem einen Figurenkreis handelt es ich um die aufständischen Weber, bei dem anderen handelt es sich um ältere Weber, die als Bedenkenträger auftreten und zur Besonnenheit aufrufen. So schildert der Dichter im fünften Akt das von der aufständischen Minderheit abweichende Denken und Verhalten der schweigenden Mehrheit durch die Figur des alten Hilse. Durch diese Vorgehensweise gelingt es Hauptmann, wirtschaftliche Zusammenhänge, Situationen und Verhaltensweisen aufzuzeigen, die zwar das einzelne Individuum betreffen, aber auch das Leben *aller* Weber nachhaltig beeinflussen. So rückt der gesellschaftliche Zustand, in dem die Weber leben, in den Mittelpunkt des Dramas.

■ Einzelne Figuren stehen für ganze Gruppen

■ Fokus auf gesellschaftlichem Zustand

Zudem übernimmt Hauptmann das bekannte Prinzip der Kontrastfiguren. Während der alte Hilse den Kontrast zu den vielen aufständischen Webern darstellt, verkörpert Luise Hilse die weibliche Opposition zu ihrem Mann und insbesondere zu ihrem Schwiegervater und damit stellvertretend zu einer Vielzahl von Männern, die sich wie der alte Hilse in ihr Schicksal ergeben haben. Luise kämpft dagegen

■ Kontrastfiguren

für eine Verbesserung ihrer eigenen Lebensverhältnisse und für eine lebenswerte Zukunft ihrer Tochter.

Diese beiden literarischen Techniken – Kontrastfiguren einander gegenüberzustellen sowie einzelne Figuren als Repräsentanten ganzer Gruppen darzustellen – wendet Hauptmann auch auf die Vertreter der Mittel- und Oberschicht an. Hier wählt er exemplarische Figuren aus, die als Vertreter der unterschiedlichen Ansichten zu den Webern und ihren elendigen Lebensverhältnissen auftreten. Bis auf Wittig und den Lumpensammler Hornig setzen sich keine Vertreter der Mittelschicht für die Linderung des Elends der Weber ein. Der Bauer, Wiegand, die Wirtsleute und der Reisende verharmlosen die Notlage der Weber oder weisen ihnen sogar die Schuld für ihre Situation zu.

Gleiche Prinzipien für alle Gruppen

Gleiches gilt für die Vertreter der Oberschicht: Die Eheleute Kittelhaus und Dreißiger artikulieren ihre Ansichten zu den Maßnahmen und Forderungen der Unterschicht im Sinne der herrschenden Eliten. Damit teilen industrielle und kirchliche Vertreter gemeinsame Ansichten über die ökonomischen Verhältnisse und deren Folgen für die Hungerleider. Nur der Lehrer Weinhold schlägt sich als Kontrastfigur zu seinem Arbeitgeber und (kirchlichen) Vorgesetzten auf die Seite der Unterdrückten und Notleidenden.

Um das Weberelend anschaulich präsentieren zu können, muss Hauptmann dem Leser Einblicke in das Leben der Protagonisten gewähren. Dies ist jedoch schwierig, allein anhand der Dialoge zwischen den

Handelnden zu verwirklichen. Hauptmann löst dieses Problem, indem er ausführlich beschreibende Nebentexte (d. h. Regieanweisungen) dem jeweiligen Akt voranstellt. In ihnen sind Angaben zum Ernährungszustand und zur Wohnungssituation der Weber bzw. des Fabrikanten enthalten. Hauptmann stellt auf diese Weise die Lebensverhältnisse der Unter- und der Oberschicht erneut repräsentativ anhand dreier Familien dar (zweiter Akt: Familie Baumert; vierter Akt: Ehepaar Dreißiger; fünfter Akt: Familie Hilse). Ferner beschreibt er die Körperhaltung, die Verhaltensweisen und die besonderen (häufig körperlichen) Merkmale der Weber und ihrer Familienmitglieder auf der einen Seite sowie der Vertreter der bürgerlichen Mittelschicht bzw. der Fabrikanten und deren Gäste auf der anderen Seite. Aufschlussreich ist insbesondere die ausführliche Schilderung der jeweiligen Atmosphäre, die in den Räumlichkeiten und zwischen den Protagonisten herrscht.

■ Funktion der Nebentexte

Um den Verlauf des Aufstands nachzuzeichnen, muss Handlung auf der Bühne dargestellt werden. Sie geschieht in den Reaktionen der Protagonisten auf ihre besondere soziale Situation. Der andauernde Wechsel zwischen der (passiven) Beschreibung der Verhältnisse und der (aktiven) Reaktion aller im Schauspiel auftretenden Repräsentanten der verschiedenen Gruppen (vornehmlich der Weber und der Fabrikanten) auf die Umstände ergeben das Nebeneinander von erzählenden und dramatischen Passagen.

■ Zusammenspiel: Epische und dramatische Passagen

Das Auftreten der Massen organisiert der Dichter durch die »Teichoskopie« (Mauerschau): Ein erhöht stehender Beobachter berichtet über das von seiner Position aus wahrgenommene Geschehen (so z. B. Dreißiger auf S. 74 und 80), das den Zuschauern im Theatersaal verborgen bleibt oder auf der Bühne nicht dargestellt werden kann. Eine andere Form der Wiedergabe von nicht darstellbaren Informationen stellt der »Botenbericht« dar: Einzelne oder mehrere Figuren betreten einen Raum und berichten über ihre Beobachtungen und Wahrnehmungen, so z. B. Jäger, der von außen eine distanzierte Einschätzung der Situation der Weber vornimmt (S. 36–38), oder Hornig, der Hilse vom Weberaufstand berichtet (S. 96 f.). Ferner dringen verschiedene Stimmen, Geräusche und Laute (etwa Hämmern und zersplitternde Scheiben), die von den Webern erzeugt werden, von »draußen« (S. 60, S. 80) oder von »unten« (S. 82) in die (Wohn-) Räume und erwecken so den Eindruck der massenhaften Anwesenheit der Weber.

■ Mauerschau und Botenbericht

Die Form des Dramas

Gerhart Hauptmann hat sein Schauspiel in fünf Akte aufgeteilt, wobei er auf eine zusätzliche Unterteilung durch Szenen oder Auftritte verzichtet. Die Akte 1 und 4 spielen im Hause des Verlegers und beschreiben die Einrichtung der Räume und das Verhalten der Anwesenden. Die Akte 2 und 5 finden in zwei verschiedenen Weberstuben – von Familie Baumert und

■ Aufteilung der Handlung

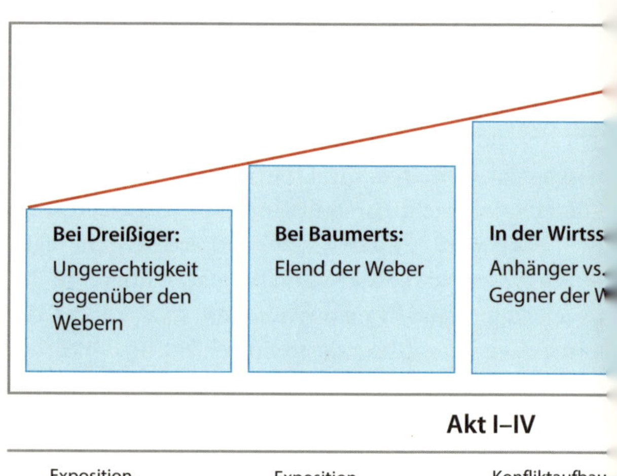

Abb. 4: Der Aufbau des Dramas

Familie Hilse – statt. Sie zeigen auf der einen Seite die Zunahme der Empörung und der Aggressionen, auf der anderen Seite das Beharren auf überkommenen Wertvorstellungen. Das Geschehen des 3. Aktes vollzieht sich im Wirtshaus der Eheleute Welzel.

Spannungskurve

Während im klassischen Drama die Spannungskurve auf den Höhepunkt (Katastrophe oder Lösung im fünften Akt) zustrebt, verläuft Hauptmanns Spannungskurve ganz anders: Zwar verwendet er in Anlehnung an die klassische Form fünf Akte, diese ste-

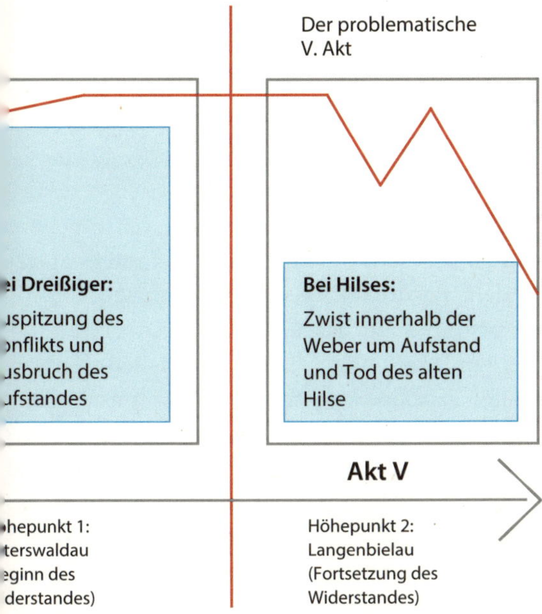

hen aber unverbunden, wenn auch in einer logischen Reihenfolge, nebeneinander. Gleichwohl weisen die Akte eine Gesamtstruktur auf. Der Autor hat sie mit einem Springbrunnen verglichen: Die Wasserfontäne steigt durch den Druck, bis sie den Scheitelpunkt erreicht und wieder in sich zusammenfällt. Auf das Schauspiel bezogen bedeutet das, dass die ersten vier Akte die Reaktion der Weber auf ihre Unterdrückung und Ausbeutung und insbesondere die Zunahme des Protests beschreiben. Der fünfte Akt würde nach der

Darstellung Hauptmanns dann den Spannungsabfall zeigen.

Das Weberlied als Leitmotiv

Das Weberlied verbindet alle fünf Akte miteinander. Es stellt das Leitmotiv des Dramas dar und zeigt den Grad der Erregung und des Zerstörungsdrangs unter den Webern.

Offene Form

Zahlreiche Aspekte können als Beleg dafür gelten, dass es sich bei Hauptmanns Schauspiel um ein Drama handelt, das überwiegend die Merkmale der offenen Form besitzt. Dafür sprechen der ständige Wechsel von Massenszenen und beispielhaft hervorgehobenen Familienszenen, das fortwährende Auf- und Abtreten der wichtigsten Charaktere, der laufende Wechsel der Räumlichkeiten, die Möglichkeit, die Szenen in eine andere, nahezu beliebige Reihenfolge aufzuteilen, sowie der Gebrauch des Weberliedes als Leitmotiv. Ferner deuten die unterschiedlichen Sprachebenen, mit denen die Figuren indirekt charakterisiert werden, darauf hin, dass die offene Form überwiegt. Die Sprache der Weber wird dabei besonders wirklichkeitsgetreu und alltagsnah abgebildet, indem sie Dialekt gebrauchen, oft unartikuliert sprechen und ein eigenes Sprachvokabular verwenden.

Die Sprache

Umfangreiche Ausdrucksmöglichkeiten

Durch ihre Ausdrucksweise lassen sich die Figuren geographisch und sozial genauer verorten: Der (künstliche, vom Autor teilweise konstruierte) Dialekt wird in der Region Schlesien gesprochen. Der Soziolekt, der durch Fachbegriffe ausgedrückt wird, den die Weber bei ihrer Arbeit verwenden (z. B. S. 94 f.), sowie der Idiolekt Ansorges, also sein persönliches Sprachverhalten – »Nu ja ja! – Nu nee nee!« (S. 37–41) –, dokumentieren, dass die Sprecher einer unteren Gesellschaftsschicht angehören. Zudem führen die Weber selten Dialoge, um ihre Konflikte verbal zu bewältigen. Sie können ihre Anliegen oder ihren Protest oft nur durch gewalttätige Aktivitäten zum Ausdruck bringen. Es kommt häufiger vor, dass sie stottern, unvollständige Sätze formulieren oder ganz verstummen.

Der Gebrauch der Hochsprache mit einer gewissen biblischen Sprechweise durch die Eheleute Kittelhaus (S. 71–75, insbesondere S. 80) weist sie als Mitglieder der gesellschaftlichen Oberschicht aus. Auch Herr Dreißiger lässt sich durch den Gebrauch der Hochsprache und dem Gebrauch von Fremdwörtern und rhetorischen Figuren der Oberschicht zuordnen.[1] Die Art und Weise, wie er die ökonomischen Zusammenhänge im Gespräch mit dem Pastor schildert, unterstützt diese Aussage (S. 82 f.).

Für Frau Dreißiger trifft diese Aussage nicht zu. In der Regieanweisung im vierten Akt heißt es: »Ein gewisses Missverhältnis zwischen ihrer Art zu reden oder sich zu bewegen und ihrer vornehm reichen Toilette ist auffällig« (S. 73). Sie spricht eine dialektal eingefärbte Sprache, die sich von der Umgangssprache ein wenig abhebt (S. 73).

1 Insbesondere im ersten Akt verwendet er eine Vielzahl an rhetorischen Fragen.

5. Quellen und Kontexte

Hauptmanns Entschluss, ein Drama über die Weber zu schreiben, datiert in das Jahr 1888. Die erneuten (Zeitungs-)Berichte im Juni 1890 über das nach wie vor andauernde Elend der schlesischen Weber und die öffentliche Anteilnahme verstärkten seine Absicht, diese gesellschaftlichen Missstände in einem künstlerischen Beitrag widerzuspiegeln. Um der Komplexität des historischen Sachverhalts umfassend gerecht werden zu können, hatte der Autor ein umfangreiches Quellenstudium absolviert: Er las zahlreiche historische Darstellungen und wertete sie für sein Vorhaben aus. Die verschiedenen Autoren dieser Texte vertraten unterschiedliche politische Standpunkte. Ferner hatte er während seiner Studienreise in die Region auch Augenzeugen des Aufstandes von 1844 befragt. Darüber hinaus konnte er bei dem Abfassen des Schauspiels auf Erzählungen seines Vaters und auf die eigenen Erinnerungen aus seiner Jugend zurückgreifen (siehe hierzu die Widmung auf S. 6).

■ Quellenstudium und Zeugenbefragung

Eine ergiebige Quelle waren für Gerhart Hauptmann die Aufzeichnungen in Alexander Schneers *Ueber die Noth der Leinen-Arbeiter in Schlesien und die Mittel ihr abzuhelfen*, die dieser 1844 verfasst hatte. Unter Zuhilfenahme amtlicher Quellen der Behörden und eigener Eindrücke – wenige Wochen vor dem Weberaufstand war Schneer durch die Region gereist – hatte er im Auftrag eines Hilfsvereins den Bericht über das tatsächlich angetroffene Elend der

■ Untersuchungen eines Regierungsbeamten

Weber abgefasst. Darin beschrieb er die geschichtliche Entwicklung der Region, bevor er die Not in den Dörfern skizzierte, in denen überwiegend Heimweber im Verlagssystem arbeiteten. Im Vordergrund seiner Betrachtungen standen die Gründe für das von ihm wahrgenommene große Elend und die Möglichkeiten, wie man die Not der Weber lindern könnte.

In seinem Drama hat Gerhart Hauptmann folgende Informationen aus Schneers Darstellung des Weberelends übernommen:

- Aussagen über die Lebensbedingungen und die Wohnungssituation (siehe insbesondere die Regieanweisungen zum zweiten und fünften Akt)
- die weitverbreitete Kinderarbeit (siehe den Zusammenbruch des kleinen Gustav Heinrich und die Ausführungen auf S. 56)
- die Notwendigkeit, Vorschüsse zu erbitten, um das nackte Überleben zu sichern (siehe die Begründungen der zahlreichen Bittsteller im ersten Akt)
- Beschreibung der Bekleidung der Verarmten (siehe die Regieanweisungen zu Beginn des jeweiligen Aktes bzw. in den Akten, z. B.: »keene zwee Hemdl fer die neun Burschen«, S. 20)
- Beschreibung der Ernährungssituation (siehe die

Regieanweisungen sowie Baumerts Begründung, warum er seinen Sonntagsrock verkauft hat, S. 41)
- einzelne (steuerliche) Abgaben der Weber an den feudalen Grundherrn (siehe S. 40)
- Schilderung der Gründe für die Notlage der Weber, u. a. die teuren Begräbnisse (siehe S. 50)

Alfred Zimmermanns Darstellung von 1885

Die meisten Informationen Hauptmanns stammen aus der Studie des Historikers Alfred Zimmermann *Blüthe und Verfall des Leinengewerbes in Schlesien. Gewerbe- und Handelspolitik dreier Jahrhunderte* aus dem Jahre 1885. Hauptmann orientierte sich an der Darstellung Zimmermanns

- über die Missstände im Verlagswesen (von Hauptmann im ersten, zweiten, dritten und fünften Akt thematisiert und von ihm an den Weberfamilien Baumgart, Heinrich und Hilse veranschaulicht)
- mit dem Wortlaut des 25 Strophen umfassenden Weberliedes, aus dem er die erste, zweite, dritte zitiert – unter Veränderung des Verleger-Namens »Zwanziger« in »Dreißiger« und die Ersetzung des zweiten Verleger-Namens »Dierig« durch das Substantiv »Diener«. Ebenso verfährt er in der vierten Strophe (unter Ersetzung des Wortes »Dämone« durch »Kujone«), die neunte bis elfte Strophe zitiert er wiederum. Das Weberlied wird

zum Leitmotiv des Dramas. Einige Strophen werden vorgelesen oder gesungen. Das Lied wird in allen Akten erwähnt.

- über den Verzehr von Hunden und Tierkadavern, um das Hungergefühl zu unterdrücken (siehe Luises Vorwürfe gegen ihren Schwiegervater auf S. 94)
- mit der minutiösen Schilderung der Ereignisse des Weberaufstandes vom 2. 6.–15. 6. 1844 in Peterswaldau und Langenbielau.

Der Aufsatz Wilhelm Wolffs

Die dritte wichtige Quelle für Hauptmann war der Aufsatz des Historikers, Publizisten und Politikers Wilhelm Wolff *Das Elend und der Aufruhr in Schlesien*, der nach der Niederschlagung des Aufstandes 1844 entstand und 1845 veröffentlicht wurde. Wolff galt als Frühsozialist[2] und war eng befreundet mit Friedrich Engels und Karl Marx. Er kannte sich in der Region gut aus und hatte noch das feudale Gesellschafts- und Wirtschaftssystem kennengelernt, das zwar offiziell abgeschafft worden war, dessen Bestimmungen von den meisten Grundherren aber immer noch durchgesetzt wurden.

2 Unter »Frühsozialismus« werden frühe Vorstellungen über das Gemeineigentum und von der sozialistischen Bewegungen vor 1848 verstanden.

Folgende Informationen griff Gerhart Hauptmann aus dem Aufsatz Wolffs in seinem Drama, zum Teil nur leicht variiert, auf:

- Überblick über die historische Entwicklung der Region, insbesondere über die positiven Auswirkungen der früheren Verhältnisse der Grundherren bzw. der Fabrikanten zu ihren Bauern bzw. Arbeitern; dazu gehören auch die Beschreibungen der negativen Folgen, die sich in der Gegenwart zeigen (siehe dazu die Rückblicke Dreißigers, S. 82 f., Pfeifers, S. 12, Ansorges, S. 39 f., S. 42, S. 58, des ersten alten Webers, S. 59, und Kittelhausens, S. 82)
- Ausführungen zur aktuellen Wirtschaftslage in Preußen: internationale Konkurrenz und maschinelle Produktion (siehe die Ausführungen Dreißigers im Gespräch mit Kittelhaus, S. 83)
- Schilderung der Erfahrungen der Weber an einem Abgabetag (erster Akt)
- Informationen zu den Einnahmen und Ausgaben der Weber (siehe die Angaben zu den Einkommensverhältnissen und Schuldenständen im ersten Akt durch verschiedene Weber und im zweiten Akt durch Ansorge)
- Übersicht über die feudalen Abgaben und Dienstleistungen der Weber (siehe die Angaben Ansorges auf S. 39 f. und des ersten alten Webers, S. 57 f.)

- Übernahme der realen Örtlichkeiten Peterswaldau und Langenbielau als Schauplätze der Handlung und der wirtschaftlichen Rückständigkeit dieser Region
- Hinweise auf die materiellen Gegensätze zwischen den Verlegern und den Webern: Luxus auf der einen Seite (Beschreibung des Interieurs der Wohnung der Dreißigers und die Reaktionen der Aufständischen bei der Zerstörung der Luxusgüter, S. 71, S. 89 und S. 106) und Armut auf der anderen Seite (siehe die Regieanweisungen und die anklagenden Aussagen der Weber, z. B. von Jäger, S. 41 f., und Ansorge, S. 42)
- (angebliche) Zitate, die Wolff dem Verleger Zwanziger bzw. Hauptmann dem Verleger Dreißiger in den Mund legt, darüber, dass die Weber für eine »Quarkschnitte« (S. 25) arbeiten müssen und sie »Gras fressen« (S. 97) sollen
- Einzelheiten über das Verhalten von Regierungs- und Verwaltungsbehörden während des Weberaufstandes, z. B. die Maßnahmen des Landrates und anderer Behördenvertreter (Hornigs Behauptung, er habe den Landrat durch die Ruine des Dreißiger-Hauses geführt, S. 96)
- Verzicht auf das Anzünden der Häuser der Verleger durch den Hinweis auf die Erstattung der Schadenssumme durch die Feuerkasse (Jäger, S. 109)

- Detaillierte Beschreibung von Einzelheiten bei dem Eingreifen des Militärs in Langenbielau (u. a. Mielchens Beschreibungen, S. 114 f.)

Historische Quellen – Fiktionalisierung

Die nachfolgende Übersicht zeigt den Ablauf der Ereignisse, wie Zimmermann und Wolff ihn geschildert haben. Dabei stehen die Aktionen und die Verhaltensweisen der Weber im Vordergrund.

Synopse der Darstellung des Geschehens

Zimmermann/Wolff	*Hauptmann*
3. Juni • Einige Weber ziehen am Haus des Verlegers vorüber. Sie singen das Weberlied. • Ein Weber wird gefangengenommen und der Polizei übergeben. • Der Forderung nach seiner Freilassung wird nicht entsprochen.	Erster Akt – Ende Mai – gegen 12 Uhr • im Hause des Verlegers, Abgabetag Zweiter Akt – nachmittags • in der Wohn- und Arbeitsstube Baumerts: Baumert, Ansorge und Jäger
4. Juni – Gegen 15 Uhr • Die Weber ziehen still zur Fabrik, sie fordern höheren Lohn und ein Geschenk, werfen nach Ablehnung ihrer Forderungen die Fenster ein und stürmen in das Haus. • Zwanziger flieht mit seiner Familie.	Dritter Akt – am nächsten Tag – vormittags • Weber treffen sich im Wirtshaus • Nachricht über das Verbot des Weberliedes führt zum Protestzug nach Peterswaldau • **Forderung: Mehr Lohn** (S. 70)

Zimmermann/Wolff	*Hauptmann*
• Plünderung und Zerstörung des Mobiliars • Der Polizeiverwalter wird verprügelt. • Eine Person wird festgenommen und wieder befreit. • Ende der Aktion: 18 Uhr Gegen 20 Uhr • Das Weberlied singend, plündern die Weber weiter. • Der Landrat trifft ein. Die Weber wenden keine weitere Gewalt an. • Die Weber zünden die Häuser entgegen ersten Ankündigungen nicht an.	Vierter Akt – nachmittags • Der Verleger empfängt die Eheleute Kittelhaus. • Eintreffen bei Dreißiger • Die Weber singen das Weberlied. • Festnahme und Befreiung Jägers • Flucht der Familie Dreißiger • Misshandlung des Pastors • Erstürmung und Plünderung des Dreißiger-Hauses
5. Juni – gegen Morgen • Restlose Zerstörung der Villa Zwanzigers • Gegen Geldzahlungen werden andere Verleger verschont. • Beratungen unter den Webern über das weitere Vorgehen • unterschiedliche Einstellungen zur Vorgehensweise • Abmarsch von 300 Webern nach Langenbielau	Fünfter Akt – [morgens] • Morgenandacht Hilses • zahlreiche Besucher bei Hilse, die ihm über die Ereignisse des Vortages berichten • Der Arzt Schmidt stellt seine Beobachtungen des Weberzuges dar und warnt davor, sich dem Protest anzuschließen.

Zimmermann/Wolff	*Hauptmann*
• Weitere Weber werden gezwungen, sich anzuschließen. • Der Pastor, der vermitteln will, wird ins Wasser geworfen. Gegen 12.30 Uhr • Ankunft im Ort • Verwüstung weiterer Firmen	[Gegen Mittag] • Die Weber dringen beim alten Hilse ein und fordern ihn auf, sich ihnen anzuschließen. • Hilses Appell an seinen Sohn, sich auf sein Leben nach dem Tode zu konzentrieren und sich nicht dem Aufstand anzuschließen
Gegen Mittag • Eintreffen des Militärs in Peterswaldau	[Gegen Nachmittag] • Weber wollen sich ihr **Recht** verschaffen
Gegen 14 Uhr • Chaos bei der Verteilung von Geld an die Weber • Soldaten feuern in die Menge. • Die Weber leisten Widerstand, Rückzug der Soldaten. Sie hinterlassen Tote und Verwundete.	• Selbstjustiz durch Gewalt und Zerstörung in Langenbielau • Hilse distanziert sich von den aufständischen Webern und ihren Forderungen. • **»Mir wolln leben und weiter nischt«** (erster junger Weber, S. 110) • Nach weiteren Plünderungen eröffnet das Militär das Feuer und tötet zahlreiche Weber. • Ein Querschläger verwundet den alten Hilse tödlich.

Zimmermann/Wolff	*Hauptmann*
6. Juni – in der Nacht • Eintreffen der Truppen in Langenbielau Am Mittag • verhältnismäßige Ruhe im Ort	
8. Juni • erste Verhaftungen	
9. Juni • Die Behörden melden den Erfolg des Militäreinsatzes nach Berlin	
10. Juni • Nachrichten über den Aufstand in Berlin	
Mitte Juni • Wiederherstellung der Ordnung	

6. Interpretationsansätze

Die Zuordnung von Hauptmanns Schauspiel zu einem bestimmten Genre hat zahlreichen Literaturwissenschaftlern erhebliches Kopfzerbrechen bereitet. Noch größer werden die Probleme, wenn es darum geht, wie das Stück zu interpretieren sei. Die einen deuten es als ein sogenanntes »Tendenzstück«, das politische Aussagen transportieren soll. Die anderen sehen in ihm eine Tragödie, die mit viel Mühe durch den letzten Akt gesichert worden sei. Schließlich betrachtet man es als ein typisches Drama des Naturalismus, in dem es vor allem um die künstlerische Darstellung des menschlichen Elends geht.

■ Darstellung menschlichen Elends

»Das Bluttgericht«

■ Leitmotiv

In der Sekundärliteratur herrscht im Gegensatz zu den verschiedenen Interpretationsströmungen nahezu einstimmig die Ansicht, dass das Weberlied »Bluttgericht« (S. 18) die Funktion eines Leitmotivs im Drama übernehme und dadurch eine Verbindung zwischen den verschiedenen Akten herstelle. Von den insgesamt 25 Strophen hat Hauptmann nur sieben Strophen in sein Drama übernommen. Die ersten vier Strophen werden zum ersten Mal am Ende des zweiten Aktes gesungen und am Ende des dritten Aktes werden im Wirtshaus die Strophen eins und zwei sowie vier noch einmal wiederholt. Am Ende des zweiten Aktes werden zudem noch die Strophen neun bis elf von den Webern angestimmt.

In der Vorgeschichte des Dramas singen es die Weber am Vorabend der Revolte vor dem Haus Dreißigers, der sich daraufhin bemüht, ein Verbot des »niederträchtigen« (S. 18) Liedes beim Polizeiverwalter zu erwirken.

In diesem »Teifelslied« (S. 61), wie es der unbeteiligte, aber auf Seiten der reichen Verleger stehende Wirt bezeichnet, geht es in den ersten beiden Strophen um die Art und Weise, wie das »Gericht« (S. 44) der Verleger am Liefertage die verkündeten Urteile über die Produkte der Weber vollstreckt. Dabei wird der entsprechende Raum im Hause des Verlegers als »Folterkammer« (S. 45) bezeichnet, in der die unzähligen »Seufzer« (S. 45) das schwere Los der Weber bezeugen.

Lagerraum als »Folterkammer«

Der lyrische Sprecher klagt in der dritten Strophe den Verleger Zwanziger (bzw. im Drama: Dreißiger) und dessen Handlanger an, die armen Handweber zu schikanieren (S. 45). Die vierte Strophe beschreibt das egoistische und sich an persönlicher Bereicherung orientierende Verhalten der Verleger-Clique:

Verursacher der Not

»Ihr Schurken all, ihr Satansbrut!
ihr höllischen Kujone!
ihr fresst der Armen Hab und Gut,
und Fluch wird euch zum Lohne.« (S. 70)

Maßnahmen zur Lohnkürzung

Welche Maßnahmen die Verleger treffen, um den Lohn zu drücken und die Weber zu demütigen, wird in den Strophen 7 bis 9 deutlich. Wenn die Weber sich gegen die Demütigungen beklagten, erhielten sie die Auskunft, dass sie ja kündigen und dann »am Hungertuche nagen« könnten (S. 46). Die Kürzung des Lohnes führe zur Not, zum Elend und Hunger der Weber. Allerdings hätten diese nicht auf das »Erbarmen« (S. 46) ihrer Arbeitgeber zu hoffen: Die Fabrikanten würden sich nur für ihre letzten Habseligkeiten interessieren (siehe die Strophen 10 und 11 auf S. 46).

Mahnung: Vergänglichkeit und Jüngstes Gericht

In den Strophen 12 bis 14 geht es um die Vergänglichkeit aller irdischen Güter und das (nicht gesicherte) Bestehen der Gottlosen vor dem Jüngsten Gericht aufgrund ihrer Verfehlungen auf der Erde.

Nachahmung durch weitere Verleger

Es folgt die Aufzählung weiterer Verleger, die ebenfalls unmenschliche Verhaltensweisen praktizieren, um ihren persönlichen Reichtum zu vergrößern (in den Strophen 15 bis 17 sowie Strophe 19). Die Strophe 18 schildert die Folgen, falls jemand den Ausbeutern die Wahrheit sage: In diesem Falle drohten ihm körperliche Verletzungen und gerichtliche Auseinandersetzungen.

Wie die Reichen sich trotz aller Einbußen ihr immenses Vermögen sichern, schildert der lyrische Sprecher in den Strophen 20–22. Die ausbeuterische Clique sei sich sicher, dass die Verleger, die noch mit den Webern mitfühlten, sich dies auf Dauer nicht leisten könnten. Stattdessen müssten sie ihrem Vorbild folgen und kaltherzig werden.

Die letzten drei Strophen (23–25) enthalten die Anklage der Weber an die Verleger über die Zurschaustellung des angehäuften Besitzes von Luxusgütern.

Kritik an der Zurschaustellung von Luxus

Das Weberlied – Wirkung und seine Funktion

Im ersten Akt erwähnt Dreißiger, dass am Vorabend des Liefertages das »niederträchtige[] Lied[]« (S. 18) vor seinem Hause gesungen worden sei. Er hält den Inhalt für verfehlt: »Und dabei ziehen diese Lümmels umher und singen gemeine Lieder auf uns Fabrikanten, wollen von Hunger reden und haben so viel übrig, um Fusel quartweise konsumieren zu können.« (S. 24)

Ein niederträchtiges und gemeines Lied

Nachdem Jäger gegenüber Baumert und Ansorge im zweiten Akt bestätigt hat, dass er das Lied vor dem Hause Dreißigers gesungen habe, liest er ihnen die Strophen des Liedes (1–4 und 9–11) vor. In dem Vortrag wird deutlich, dass das Lied eine starke Wirkung auf Jäger selbst ausübt. Die Regieanweisungen fordern: »Er liest […] schlecht betonend, aber mit unverkennbar starkem Gefühl. Alles klingt heraus: Verzweiflung, Schmerz, Wut, Haß, Rachedurst« (S. 44). Kaum hat er die zweite Strophe beendet, wird die Wirkung ersichtlich, die von dem Lied ausgeht. Die Regieanweisung bemerkt zu Baumerts Reaktionen auf den Vortrag:

Erste Wirkungen auf die Weber

> »[Er] hat, von den Worten des Liedes gepackt und im Tiefsten aufgerüttelt, mehrmals nur mühsam

> der Versuchung widerstanden, Jäger zu unterbrechen. Nun geht alles mit ihm durch; stammelnd, unter Lachen und Weinen […] in tiefer Erschütterung zusammengesunken […].« (S. 45)

Baumert unterbricht immer wieder den Vortrag Jägers. Die Reaktionen des Webers reichen von »zitternder Wut« (S. 45), »die Faust ballend« (S. 46) zu »[er] springt auf, hingerissen zu deliranter Raserei« (S. 46) und »[e]r bricht weinend vor verzweifeltem Ingrimm auf einem Stuhl zusammen« (S. 47).

Impuls zur Rebellion

Auch Ansorge ist tief ergriffen: »[A]m ganzen Leibe zitternd vor Wut, stammelt [er] hervor. ›Und das muss anderscher wern […]. Mir leiden's ni mehr! Mir leiden's ni mehr, mag kommen, was will‹« (S. 47). Während Baumert lediglich von seinen Emotionen aufgewühlt ist, denkt Ansorge bereits über die Möglichkeit nach, die ungerechten Verhältnisse gegebenenfalls auch mit Gewalt zu verändern.

Solidaritätsgarant für Erfolge?

Der Wirt Welzel hört Mitte des dritten Aktes, wie junge Weber das Lied bei ihrem Eintreffen am Wirtshaus singen. Allein das Zuhören ruft Ablehnung bei ihm hervor, so dass er das Anstimmen in seinem Hause untersagt. Bäckers Antwort, dass aber Dreißiger »unser Lied« (S. 62) zu hören bekommen muss, veranschaulicht die Absicht, die die Anführer der Weber mit dem Weberlied verfolgen: Das Lied soll solidarisieren. Es soll dazu beitragen, dass ein ›Wir-Gefühl‹ unter den Webern entsteht, das die Zuversicht vermittelt, dass sie ihre Not und ihr Elend durch ge-

Abb. 5: »Sturm«, Radierung von Käthe Kollwitz, Blatt 5 aus dem Zyklus *Ein Weberaufstand*, 1894–98.

meinsame Aktionen lindern können. Noch herrscht in den Köpfen der Weber die Vorstellung, dass jeder allein die Verleger zu mehr Entgegenkommen bewegen könne, wohingegen Bäcker eine gemeinsame Aktion für erfolgversprechender hält. Da das Weberlied durch seine Darstellung der Realität überzeugt, kann er die Weber leichter dazu bewegen, auf ihn zu hören und sich an seinen vorgeschlagenen Aktionen zu beteiligen.

Unerwartete Hilfe erhält Bäcker durch den Gendarm Kutsche: Das von ihm übermittelte Verbot vom Singen des Liedes und die Drohung, die Weber kämen ins Gefängnis, wenn sie das Verbot missachteten, bewirkt, dass diese das Lied jetzt erst recht singen wollen. Bäcker stimmt gemeinsam mit den anwesenden Webern das Lied an, um noch einmal zum Haus Dreißigers zu ziehen (S. 69 f.).

Die Antwort Baumerts auf Hornigs Frage, was die Weber mit dieser Aktion vorhätten, verrät zwar die Bereitschaft der singenden Gruppe, aktiv zur Verbesserung der materiellen Situation vorzugehen: »Zu Dreißigern gehn wolln se halt, sehn, dass a was zulegt zum Lohne dahier« (S. 70). Allerdings wird nicht ersichtlich, auf welche Weise die Weber zu protestieren gedenken. Alle Anzeichen sprechen für einen friedlichen Protest gegen die Lohnkürzungen: Der Zug setzt sich spontan in Bewegung und entspringt keiner geplanten oder organisierten Aktion.

■ (Gewaltsamer) Protest?

Die Weber treffen, das Weberlied singend, bei Dreißiger ein (S. 74). Dreißiger und Kittelhaus ahnen noch nichts davon, dass die Weber wenig später gewaltsam in das Haus des Verlegers eindringen und jeden Raum geplündert und das Mobiliar zerstört zurücklassen. Der wahrgenommene und vor allem auch empfundene Gegensatz von Armut und Reichtum, von Luxus und Schlichtheit, einem Überangebot und einem absoluten Mangel an Lebensmitteln, so wie er auch in den Strophen des Weberliedes beschrieben worden ist, veranlasst die Weber spontan, ihre Wut herauszulassen und Rache am Haus und Eigentum des Verlegers für seine unmenschlichen Verhaltensweisen und Ausbeutungspraktiken zu nehmen.

Nicht alle Weber beteiligen sich an dem gewaltsamen Protest oder befürworten ihn. Sie missbilligen die Tollheiten (»Tollheet«, S. 89) und »Untaten« (S. 90) und unterstützen die weiteren Aktionen nicht. Die Anführer hingegen verstärken die Spaltung zwischen der Unter- und der Oberschicht. Es gelingt Wittig und Bäcker, gewaltbereite junge und alte Weber davon zu überzeugen, dass die Maßnahmen gegen die Verleger auch in Langenbielau organisiert und gezielt fortgeführt werden (S. 90). Bäcker erklärt den Aufgebrachten: »Halt, heert uf mich! Sei mer hier fertig, da fang m'r erscht recht an. Von hier aus geh mer nach Bielau nieber, zu Dittrichen, der de die mechan'schen Webstiehle hat. Das ganze Elend kommt von a Fabriken« (S. 90 f.).«

■ Unterschiedliche Reaktionen bei den Webern

Der Arzt Schmidt überholt auf dem Weg nach Langenbielau den mittlerweile auf »finfzehnhundert Menschen« (S. 100) angewachsenen Zug. Er berichtet von einem »Gesinge, dass een fermlich a Magen umwend't« (S. 101). Demnach ist es Wittig, Bäcker und Jäger gelungen, sehr viele Weber für das geplante Vorhaben zu gewinnen und davon zu überzeugen, dass nur durch eine »Rebellion« (S. 100) die Missstände beseitigt werden können. Indem sie das Weberlied singen, entwickeln sie ein ›Wir-Gefühl‹, ein Gefühl der (verschworenen) Gemeinschaft, die durch ihre Geschlossenheit die ihnen nötige Kraft für den Widerstand verleiht. Zugleich vermittelt das Lied ein neues Selbstbewusstsein, das auch in der Selbstjustiz der Weber (S. 108), d. h. in dem Sturm auf die Gebäude

■ Geschlossenheit durch Weberlied

des Verlegers Dittrich, zum Ausdruck kommt. Wie sehr diese Vorstellung von einer selbstgestalteten Zukunft begeistert, zeigt sich in Gottlieb Hilses inbrünstiger Ansprache:

> »Ich sollt's Ihn sagen, Vater, Se sollten kommen und sollten mit helfen, a Fabrikanten de Schinderei heemzahlen. *Mit Leidenschaft.* 's kämen jetzt andre Zeiten, meent' a [sein Pate Baumert]. Jetzt tät' a ganz andre Ding werden mit uns Webern. M'r sollten alle kommen und's mit helfen durchsetzen.« (S. 102)

Wehklagen

In Langenbielau angekommen, singen die Weber »das Weberlied vielhundertstimmig [...]; es klingt wie ein dumpfes, monotones Wehklagen« (S. 105). Dieses Wehklagen setzt aber bei ihnen die Energie frei, die notwendig ist, um die »andre Zeiten« (S. 102) im Leben der Weber Wirklichkeit werden zu lassen. Die Beschreibungen, die Hornig von der Plünderung und Zerstörung des Dittrich'schen Anwesens gibt, veranschaulichen, wie die Weber mit ihrer aufgestauten Wut umgehen und wie sie der Gedanke an Rache für die erlittenen Demütigungen und unmenschliche Ausbeutung beherrscht (S. 106). Diese Aktivitäten nehmen sie so sehr in Anspruch, dass der »Massengesang« (S. 106) verstummen muss. Zusammenfassend lässt sich festhalten, dass das Singen des Weberliedes den Webern eine neue Identität verschafft, deren Eigenschaften nicht mehr Unterwürfigkeit und

Neue Identität durch das Weberlied

Resignation sind. Sie wird vielmehr durch Selbstvertrauen auf die eigene Stärke und das Gefühl, einer starken und solidarischen Gemeinschaft anzugehören, geprägt.

Am Beispiel des alten Baumerts schildert der epische Erzähler des Dramas, wie das Weberlied den Meinungswandel zum Widerstand gegen die Ausbeutungspraktiken der Fabrikanten gefördert hat. Ausgangspunkt des (zunächst friedlichen) Protests Baumerts war die individuelle Unzufriedenheit mit den Verhältnissen, in denen die Weber lebten. Als er erkennen musste, dass Dreißigers ›Fürsorgemaßnahmen‹ (etwa die Einstellung 200 weiterer Weber) sein Elend noch verschärften, war er bereit umzudenken. Jägers Vortrag des Weberliedes stärkte seine Bereitschaft, Gewalt anzuwenden:

Baumerts Meinungswandel

> »'s is wahr, Gustav [Hilse], an kleene Schleuder hab' ich. Aber derwegen bin ich noch klar genug im Kopfe dahier. Du hast deine Meenung von der Sache, ich hab' meine. Ich sag: Bäcker hat recht, [...]. Ich wollte ja gerne nich mitmachen. Aber sieh ock, Gustav; d'r Mensch muss doch a eenziges Mal an Augenblick Luft kriegen.« (S. 113)

Vor Gericht

> »Die meisten der harrenden Webersleute gleichen Menschen, die vor die Schranken des Gerichts gestellt sind, wo sie in peinigender Gespanntheit eine Entscheidung über Tod und Leben zu erwarten haben.« (S. 9)

So beschreibt das epische Ich des Dramas in den Regieanweisungen die Weber, die an einem beliebigen Abgabetag in der Halle des Verlegers Dreißiger warten. Jeder dieser besonderen Tage ist für die Weber von enormer Bedeutung, weil der ›Richter‹ Dreißiger dann sein ›Urteil‹ über die fertigen Produkte spricht und damit über ihren Lohn für die Plackerei der letzten Wochen entscheidet. Von dieser Summe muss die Familie – in der Regel handelt es sich um eine vielköpfige Familie (oft mit gebrechlichen Großeltern, nicht selten kranken und zum Teil arbeitsunfähigen Eltern und zahlreichen Kindern) – ihren gesamten Lebensunterhalt bestreiten. Dazu gehören die Kosten für Nahrungsmittel, die Bekleidung und die Miete für den Raum, der für die Familienmitglieder Arbeits-, Wohn- und Schlafraum zugleich ist. Hinzu kommen zahlreiche weitere Abgaben an den Staat und die in vielen Gegenden noch geltenden Abgaben an die Grundherren (»Schutzgelder, Spinngelder, Naturalleistungen« sowie Dienstleistungen in Form der »Howearbeit«, S. 58). Dabei wissen alle am Arbeitsprozess Beteiligten (Fabrikanten wie Weber), dass der Arbeitslohn auch ohne solche Abzüge nicht ausreicht, um all die Kosten und Abgaben zu decken.

Das Bild, das Hauptmann in seinem sozialen Drama von der Notlage der Weber entwirft, basiert auf von ihm ausgewerteten Quellen. In ihnen wird nahezu einstimmig die Ansicht vertreten, dass die Entlohnung der Weber bei weitem nicht ausreichte, um ihr Existenzminimum zu sichern. Die Berichterstatter weisen darauf hin, dass viele Weber diese Form der Ausbeutung nicht überlebten und andere eine Selbstausbeutung (noch längere Arbeitszeiten für noch weniger Lohn) praktizierten, um der Armut und dem Hungertod zu entgehen. Die Quellen geben – bei unterschiedlichen politischen und gesellschaftlichen Positionen – den Fabrikanten die Schuld für das Elend, indem sie darauf verweisen, dass diese die wechselseitigen Pflichten, die sich aus den arbeits- und gesellschaftsrechtlichen Verhältnissen ergeben, einfach ignorierten und ihre Schutzbefohlenen dem eigenen Schicksal überließen.

Die Schuldfrage

Die Verfasser der historischen Quellen kritisieren auch die Verhaltensweisen der (ehemaligen) Grundherren bei der Einhaltung der Bestimmungen der Bauernbefreiung[3]. Die Grundherren bestanden des

Die historischen Zusammenhänge

3 Durch verschiedene Maßnahmen sollte die materielle Situation der Bauern (Leibeigenen) verbessert werden. Dazu sollte ihnen das Eigentum an den von ihnen bewirtschafteten Höfen zugesprochen werden. Um jedoch von ihren bisherigen Abgaben (Naturalabgaben: Getreide, Früchte, etc.) sowie Spann- und Frondiensten (kostenlos Pferdegespanne bereitstellen und für den Gutsherrn arbeiten) befreit zu werden,

Öfteren auf der Erfüllung der alten Abgabenordnung. Die Verbesserung ihrer Lebensverhältnisse gelang allenfalls in einem überschaubaren Rahmen der gutsherrlichen[4] Bauern. Für viele andere Bauern galten die Abgabenordnungen weiter, so dass sie oft durch einen Nebenverdienst als Weber versuchen mussten, ihren finanziellen Abgabenplichten nachzukommen. In den meisten Fällen reichten diese Verdienste jedoch nicht aus, so dass die alten Abhängigkeitsverhältnisse fortbestanden und die Armut und das Elend der Weber weiter förderten oder sogar verschärften.

Dramatische Adaption der Realität

Diese Entwicklungen und ihre Folgen hat Gerhart Hauptmann in seinem Schauspiel widergespiegelt. In ihnen zeigt er die brutale Härte der Verleger gegenüber ihren Arbeitern. Er kritisiert insbesondere, dass sie trotz besseren Wissens nicht bereit waren, ihren sozialen Verpflichtungen nachzukommen und stattdessen nach weiteren Möglichkeiten suchten, sich persönlich auf Kosten ihrer Schutzbefohlenen zu bereichern. Sie entschieden so über Tod und Leben der von ihnen abhängigen Weber.

mussten sie sich durch eine entsprechende Zahlung freikaufen, die die Gutsbesitzer als Entschädigung betrachteten.

4 Gutsherrliche Bauern sind Pächter, die von einem Gutsherrn Ackerland gepachtet haben, das sie selbst bewirtschafteten. Diese Bezeichnung war zwischen der Elbe und Ostpreußen gebräuchlich, in anderen Gegenden nannte man sie »grundherrschaftliche« Bauern. Durch die Bauernbefreiung zu Beginn des 19. Jahrhunderts wurden die Gutsherrschaft (Grundherrschaft) und Leibeigenschaft abgeschafft.

Das ›Gericht‹ im vorliegenden Drama wird von den Angestellten des Fabrikanten Dreißiger verkörpert. Der ›Vorsitzende‹ ist der ehemalige Weber Pfeifer, der in der Firma seines Arbeitgebers zum Prüfer der vorgelegten Erzeugnisse aufgestiegen ist. Er legt fest, was sein ›Beisitzer‹, der Kassierer Neumann, dem jeweiligen Weber ausbezahlt. Nun ist der ›Vorsitzende‹ des ›Gerichts‹ (S. 9) wiederum seinem Herrn in besonderer Weise ergeben und senkt mit äußerster Konsequenz den Arbeitslohn, wenn er kleine Mängel an den abgelieferten Waren findet. So wird relativ schnell deutlich, dass der Lohn, der ausgezahlt wird, wieder einmal nicht reichen wird, um das Überleben der Weber zu sichern. Viele Weber bitten deswegen um einen Vorschuss, der den Tod verhindern soll.

■ Reicht der Lohn zum Überleben?

Beispielsweise ist es der ersten Weberfrau im ersten Akt bisher durch scharfe Selbstausbeutung gelungen, die für ihre Familie lebensnotwendige Summe zu erwirtschaften. Jetzt aber zwingen sie die Krankheit ihres Mannes, der Hunger ihrer Kinder und die Weigerung des Bauern, ihr weiteres Geld zu borgen, um einen Vorschuss für ihre Tätigkeit zu bitten: »A paar Fenniche uf Vorschuss hätt' ich doch halt aso neetig« (S. 10). Ihre Bitte findet bei Pfeifer kein Gehör. Barsch weist er sie ab:

■ Leben auf Pump

»Wir kenn kein'n Vorschuss geb'n. Wir miss'n Rechenschaft ablegen dahier. 's is auch nich unser Geld. Von uns wird's nachher verlangt. Wer fleißig is und seine Sache versteht und in der Furcht Gottes seine Arbeit verricht't, der braucht ieberhaupt ni keen'n Vorschuss nich.« (S. 13)

Weber Heiber hat bereits einen Vorschuss erhalten und muss nun fürchten, dass er ihn an diesem Abgabetag wieder abgezogen bekommt. Er bittet Pfeifer von dem Abzug abzusehen. Er führt zur Begründung seiner Bitte aus, dass er wegen »Howetage« (S. 13), also Arbeitstagen beim Grundherrn, und der Krankheit seiner Frau nicht jeden Tag hat weben können. Darüber hinaus habe er Unkosten für eine Ersatzkraft für seine kranke Frau gehabt. Aber auch er scheitert an Pfeifers Unnachgiebigkeit und mangelnder Hilfsbereitschaft.

■ Unerbittlichkeit der Verleger

Ebenso bekommt der Weber Reimann die Macht des ›Richters‹ Pfeifer zu spüren. Dieser wirft ihm vor, nicht die erforderliche Menge gewebt zu haben, und kürzt deshalb den Lohn. Reimann beharrt darauf, die Vorgaben erfüllt zu haben. Pfeifer setzt die »Lohnzwackerei« (S. 22) unbeirrt fort, indem er Reimann droht: »Wenn's Euch nich passt, Reimann, da braucht er bloß ein Wort sag'n. Weber hat's genug. […] Wer gut webt, der gut lebt« (S. 15).

Obwohl alle drei Weber bei Dreißiger selbst vorsprechen, haben sie keinen Erfolg, weil er sie an Pfeifer zurückverweist. Ihnen bleibt am Ende nur die Resignation – oder den Weber Nentwich nachzuahmen: »[…] ma legt sich a Schleefl um a Hals un knippt sich am Webstuhle uf« (S. 22).

■ Der Tod als Ausweg?

Die alte Frau Baumert traut Frau Heinrich zu, aus

Verzweiflung Selbstmord begehen zu können. Frau Heinrich ist Mutter von neun Kindern und wieder schwanger. Die herrschenden Lebens- und Arbeitsbedingungen haben ihren Ehemann krank und arbeitsunfähig gemacht. Er fällt als Versorger seiner großen Familie gänzlich aus. So ist Frau Heinrich ganz auf sich allein gestellt. Sie klagt:

> »Meine armen Kinder derhungern m'r! *Sie schluchzt und winselt.* Iich weeß m'r keen'n Rat ni mehr. Ma mag anstelln, was ma will, ma mag rumlaufen, bis ma liegenbleibt. Ich bin mehr tot wie lebendig, und is doch und is kee Anderswerden. Neun hungriche Mäuler, die soll eens nu satt machen. Von was d'n, hä? Nächten Abend hatt' ich a Stickl Brot, 's langte noch nich amal fir de zwee Kleenst'n. […] Und dad'rbei kann ich jetzt noch laufen. Was soll erscht wern, wenn ich zum Lieg'n komme? Die paar Kartoffeln hat uns 's Wasser mitgenommen. Mir hab'n nischt zu brechen und zu beißen.« (S. 31)

■ Todeswünsche mehrerer Weber

Drei weitere Figuren wünschen sich möglichst schnell zu sterben. Die Wohnungssituation, die eintönige und lange Arbeit, der Hunger sowie die Perspektivlosigkeit lösen in ihnen den Wunsch aus, möglichst bald aus dem Leben zu scheiden. Die schwerkranke Mutter Baumert formuliert ihren Todeswunsch gegenüber Frau Heinrich, als diese bei ihr um Lebensmittel bettelt: »Fer unsereens, Heinrichen, wärsch am besten, d'r liebe Gott tät' a Einsehn hab'n und nähm' uns gar von d'r Welt« (S. 31). Viele Weber verdienen gerade so viel Lohn, dass sie mehr schlecht als recht leben können. Hungergefühle sind ihre ständigen Begleiter. Für andere Dinge wie Kleidung, Licht und Heizung bleibt am Ende nichts übrig. Wilhelm Ansorge bringt die Situation der meisten Weber auf den Punkt, indem er feststellt: »Mir kenn d'r nich leben und nich sterben hier oben. Uns geht's leider beese, kannst's glooben. Eener wehrt sich bis ufs Blutt. Zuletzt muss man sich dreingeb'n. De Not frisst een's Dach ieberm Koppe und a Boden unter a Fießen« (S. 39). Das erbärmliche Haus, das er mit den Baumerts bewohnt, gehört ihm zwar noch, aber er hat Schulden darauf aufgenommen. Deshalb befürchtet er, dass man ihm sein Haus wegnehmen könnte. Lebend will er in diesem Fall sein »Häusl« (S. 40) nicht verlassen. Dann möchte er lieber sterben, denn vor dem Sterben hat er keine Angst (S. 41). Auch die alte, fast blinde Frau Hilse, die ihrem Mann trotz Sehbehinderung das Garn aufspult, wünscht sich ihr Ende herbei. Sie ist der Meinung, dass sie den anderen Familienmitgliedern zur Last fällt und damit deren Überlebensprobleme weiter verschärft. Darüber hinaus möchte sie das Elend nicht länger ertragen müssen (S. 104).

Die Schuld an der Todessehnsucht vieler Erwachsener, am Hungertod von Hunderten von Webern und dem Sterben der vielen Kinder tragen in Hauptmanns Schauspiel die Verleger. Das liest sich in der Wahrnehmung des Verlegers Dreißiger aber ganz anders. Er setzt sich nicht mit den Nöten seiner Weber auseinander, sondern redet lieber über sich selbst und über seine Geschäfte. Er hält seinen Arbeitern einen langen Vortrag über die Schwierigkeiten, mit denen er zu kämpfen habe, damit es den Webern gutgehe. Seine unternehmerischen Tätigkeiten stellen für ihn einen Kampf »auf Tod und Leben« (S. 23) dar. Er geht sogar so weit zu behaupten, dass die Weber – wären sie an seiner Stelle – die Verlegerarbeit einstellen würden.

Der Kampf der Verleger auf Tod und Leben

Seine Rechtfertigungen beginnen damit, dass er die eindeutigen Schuldzuweisungen in den Artikeln der Zeitungen, die über das Weberelend ausführlich berichten, dafür verantwortlich macht, dass die Fabrikanten in der Öffentlichkeit angeprangert würden. Diesen seiner Meinung nach ungerechtfertigten Anschuldigungen setzt er dann die Schilderung seiner Probleme entgegen. Darin entwirft er das Bild eines sehr beschäftigten und umsichtig kalkulierenden Unternehmers, der von seinen Webern »[ausge]saugt« (S. 23) wird:

> »Der Fabrikant muss ran, der Fabrikant is der Sündenbock. Der Weber wird immer gestrichelt, aber der Fabrikant wird immer geprügelt: das is'n Mensch ohne Herz, 'n Stein, 'n gefährlicher Kerl, den jeder Presshund in die Waden beißen darf. Der lebt herrlich und in Freuden und gibt den armen Webern Hungerlöhne. – Dass so'n Mann auch Sorgen hat und schlaflose Nächte, dass er sein großes Risiko läuft, wovon der Arbeiter sich nichts träu-

men lässt, dass er manchmal vor lauter Dividieren, Addieren und Multiplizieren, Berechnen und wieder Berechnen nich weiß, wo ihm der Kopf steht, dass er hunderterlei bedenken und überlegen muss und immerfort sozusagen auf Tod und Leben kämpft und konkurriert, dass kein Tag vergeht ohne Ärger und Verlust: darüber schweigt des Sängers Höflichkeit.« (S. 23)

Die Verleger vor Gericht

In Hauptmanns Schauspiel ist an anderer Stelle noch einmal von einem »Gericht« (S. 64) die Rede. Es handelt sich um die Vision eines alten Webers, in der die ›Verhandlung‹ über das Leben nach dem Tode im Himmel oder in der Hölle stattfindet. Er warnt seine Zuhörer, sich nicht auf die Seite der Reichen und Vornehmen zu schlagen, weil diese Personen ungläubig seien und deshalb die Hölle nicht fürchteten. Seine Vision richtet sich demnach gegen die Personen, die verantwortlich sind für die Armut und das Unrecht. Mit seinem letzten Satz warnt er davor, die Arbeit der Weber zu verachten (S. 64 f.). Damit wird deutlich, dass er die Verleger daran erinnern will, dass sie nach ihrem Tode im Jenseits dafür zur Verantwortung gezogen werden können, die göttlichen Gebote übertreten zu haben.

Auch das »Weberlied« (S. 60) ermahnt die Verleger in der 13., in Hauptmanns Drama allerdings nicht zitierten Strophe, daran zu denken, dass sie nicht auf Erden, aber im Himmel beim Jüngsten Gericht für ihre Taten bestraft werden können. Damit wird ein weiterer Grund geliefert, warum die reichen Verleger das Singen des Weberliedes verbieten lassen (wollen).

Das Problem des fünften Aktes

Noch im gleichen Jahr der Erstaufführung entzündete sich die Diskussion um den fünften Akt der *Weber*. Der Publizist und Historiker Franz Mehring eröffnete die bis heute andauernde Diskussion: Er forderte die unverfälschte und ungekünstelte Wiedergabe der Wirklichkeit, durch die Hauptmann im fünften Akt hätte zeigen müssen, wie das Militär den Aufstand blutig niedergeschlagen und zahlreiche aufständische Weber ins Zuchthaus geworfen habe: Denn nur durch die Darstellung eines blutigen Aufstandes hätte Hauptmann Mitleid und Solidarität mit den Webern schaffen können.

5. Akt nicht drastisch genug

In nahezu allen Äußerungen zu seinen politischen Einstellungen neigte der Autor dazu, seine ›Sowohl-als-auch-Position‹ zu betonen, mit der er sowohl revolutionäre als auch antirevolutionäre Standpunkte vertrat. Diese Aussagen sowie weitere Hinweise deuten darauf hin, dass die inneren Widersprüche in dem Schauspiel den Werkintentionen entsprachen. Hauptmann selbst wies darauf hin, dass er Mitleid für die Weber wecken wollte (siehe hierzu Kap. 8 »Rezeption«, S. 109), aber auch vehement für die Herstellung sozialer Gerechtigkeit (durch Selbsthilfe) plädierte.

Exkurs: Hauptmanns politisches Engagement

Eine der bekanntesten Auseinandersetzungen mit Hauptmanns *Die Weber* ist die Rezension Theodor

Fontanes Rezension

Fontanes von 1894. In dieser setzt sich Fontane mit der Problematik des gesamten Dramas auseinander, wobei er seine Aufmerksamkeit besonders auf den fünften Akt richtet:

Revolutionsstück vs. Balancierstück

»Es ist ein Drama der Volksauflehnung, das sich dann wieder, in seinem Ausgange, gegen diese Auflehnung auflehnt […]. *Die Weber* wurden als Revolutionsdrama gefühlt, gedacht, und es wäre schöner und wohl auch von unmittelbar noch mächtigerer Wirkung gewesen, wenn es sich ermöglicht hätte, das Stück in dieser seiner Einheitlichkeit durchzuführen. Es ermöglichte sich aber *nicht*, und Gerhart Hauptmann sah sich, und zwar durch sich selbst, in die Notwendigkeit versetzt, das, was ursprünglich ein Revolutionsstück sein sollte, schließlich als Antirevolutionsstück ausklingen zu lassen. […] Der 5. Akt ist ein Notbehelf […]. Dass dadurch etwas entstand, was revolutionär und antirevolutionär zugleich ist, müssen wir hinnehmen […]. Denn das Stück erhält durch dies Doppelgesicht auch eine doppelte Mahnung, eine, die sich nach oben, und eine andere, die sich nach unten wendet und beiden Parteien ins Gewissen spricht. In einer gewissen Balancierkunst des 5. Aktes gegen die vier voraufgegangenen erinnert das Stück an Schillers *Tell*.«[5]

Das Doppelgesicht des Schauspiels

Nach Fontane trägt Hauptmanns Schauspiel ein »Doppelgesicht«: Die ersten vier Akte bilden das Re-

5 Theodor Fontane, *Sämtliche Werke*, Abtl. 3: *Aufsätze, Kritiken, Erinnerungen*, Bd. 2: *Theaterkritiken*, hrsg. von Siegmar Gerndt, Darmstadt 1969, S. 858 f.

volutionsstück, der fünfte Akt stellt das Antirevolutionsstück dar. Fontane rechtfertigt Hauptmanns Entscheidung über die dichterische Gestaltung mit dem wirklichen Verlauf des Aufstandes: Das Drama mit dem vierten Akt zu beschließen, hätte den Eindruck vermitteln können, dass die Aufständischen erfolgreich Rache an ihren Ausbeutern genommen hätten. Dann hätte der Autor nicht nur die große Zahl von Webern unterschlagen, die sich gegen die gewalttätigen Zerstörungen ausgesprochen hatten, sondern auch die endgültige Niederschlagung des Weberaufstandes verschwiegen. Offensichtlich fand Fontane auch Gefallen an der Vorstellung, dass sich das Schauspiel so mahnend an beide Parteien wandte: Die Verleger hätten den Webern menschenwürdige Lebensumstände ermöglichen und die Weber die Zerstörung und Plünderung der Häuser ihrer Arbeitgeber einstellen sollen. Fontane lobte daher den fünften Akt des Schauspiels als »Balancierkunst«, die den historischen Gegebenheiten in besonderer Weise gerecht geworden sei.

Weitere Lesarten im 20. Jahrhundert

Im weiteren Verlauf der Diskussion um die gegensätzliche Struktur von Hauptmanns Schauspiel stellte der Germanist William Rey 1982[6] fest, dass der Schluss von den *Webern* noch immer keine zufriedenstellende Lesart erfahren habe. Bevor Rey in seinem Aufsatz seine eigene Deutung entfaltet, skizziert

6 William H. Rey, »Der offene Schluß der Weber. Zur Aktualität Gerhart Hauptmanns in unserer Zeit«, in: *The German Quarterly* 55 (1982) H. 2, S. 141–163.

er kurz die wichtigsten Interpretationslinien, die gegen Ende des 20. Jahrhunderts zu den *Webern* kursierten. Er teilt die Interpreten des offenen Schlusses, der nicht verrät, wie der Weberaufstand ausgeht, in zwei Lager ein.

Hinwendung zum Religiösen

Die erste Gruppe sieht laut Rey im fünften Akt durch die Einführung des alten Hilse eine Hinwendung zum Religiösen. Sie unterstellt Hauptmann einen Meinungswandel, indem er seine Solidarität mit den aufständischen Webern durch ein Einverständnis mit den religiösen Überzeugungen Hilses ersetzt. Andere Vertreter dieser Gruppe sehen darüber hinaus durch die im fünften Akt erfolgte Einführung des alten Webers und der Darstellung seiner (religiösen) Überzeugungen ein Bemühen des Autors, sein Revolutionsstück zu einem Märtyrerstück werden zu lassen. Wieder andere Literaturwissenschaftler sind der Überzeugung, dass der Autor den Selbsterhaltungswillen vieler junger Weber der Zuversicht Hilses auf ein ewiges Leben, mit dem ein gottgefälliges irdisches Leben belohnt werde, gegenüberstellt und durch diese relativiert.

Scheitern der Sozialkritik?

Mit der zweiten Gruppe beschäftigt sich Rey nur kurz. Zunächst trifft er die Feststellung, dass die Vertreter, die das Schauspiel als ein sozialkritisches Stück betrachten, mit der Figur des alten Hilse größere Probleme haben, weil seine Positionen dem Anliegen der meisten anderen Weber widersprechen: »Und dir, Baumert! dir will ich a Wort sag'n. Wenn de Alten schwatzen wie de kleen'n Kinder, da steht d'r Teiwel uf'm

Koppe vor Freiden. […] Mit mein'n Willen seit'r nich hier. Ihr habt hier nach Recht und Gerechtichkeet nischt nich zu suchen!« (S. 110). Des Weiteren betont Rey, dass diese Interpreten Hauptmann als unfähig dafür betrachten, in seinem Drama einen positiven Ausgang des Aufstandes darstellen zu können und zu wollen.

Rey wendet sich in seiner eigenen Position dagegen, die ersten vier Akte dem fünften Akt polarisierend gegenüberzustellen. In den ersten vier Akten dominiert seines Erachtens die sozialkritische Auseinandersetzung mit dem Elend der Weber. Der letzte Akt behandelt die politischen und religiösen Vorstellungen Hilses und seine Auseinandersetzung mit den Befürwortern des Aufstandes. Aber auch in den ersten vier Akten kommt der Religion bereits eine viel größere Bedeutung zu als zuvor angenommen wurde. In diesem Zusammenhang verweist Rey auf Pfeifers Aufforderung an die Weber im ersten Akt, »in der Furcht Gottes« (S. 13) ihre Arbeit zu verrichten. Im zweiten Akt wird die Religiosität der Weber durch ihren Wunsch nach baldiger Erlösung (Todessehnsucht) deutlich. Die negative Rolle der Kirche, die dazu beiträgt, das Weberelend forrtzusetzen, veranschaulichen nach Rey der dritte und der vierte Akt: Hier wird ein Bündnis von Staat (Abgaben), Kirche (Verdienst an Begräbnissen und Kittelhausens Appelle, Gehorsam zu sein, S. 80) und Kapital (Unternehmer und Handwerk) dargestellt, das sich an der Ausbeutung von Menschen bereichert.

■ Bedeutung der Religion in den ersten 4 Akten

Der fünfte Akt – so Rey – liefert keine eindeutige Lösung für die Probleme der Weber. Einerseits ist

Hilses religiöser Fanatismus zu einseitig, andererseits ist die Selbstjustiz der Weber nur ein Racheakt, den sie in einem Rauschzustand begehen. Das Prinzip der Gewalt führt nicht zu der von ihnen gewünschten sozialen Gerechtigkeit, wie auch der alte Hilse prophezeit: »Mit Gewalt? *Lacht.* Nu da lasst euch bald begraben dahier. Se wern's euch beweisen, wo de Gewalt steckt. Nu wart ock, Pirschl!« (S. 111). Für den alten Hilse steht fest, dass die soziale Gerechtigkeit nur auf der Grundlage der gegenseitigen Respektierung von Webern und Fabrikanten zu realisieren ist.

Gewalt = (k)eine Lösung?

Problematik von Hilses Tod

Hilses Tod stellt des Weiteren eines der offenbleibenden Probleme dar, die der Schluss mit sich bringt. Auf die Frage, warum Hauptmann Hilse sterben lässt, gibt es keine eindeutige Antwort. Sein Tod ergibt keinen Sinn, weil Hilse sich mit seinem Verhalten auf die Seite der Fabrikanten stellt und damit die herrschenden Ausbeutungsverhältnisse unterstützt. Zwar betet er für die Aufständischen, was seine Besorgtheit um ihr Leben und sein Verständnis für ihre Situation zeigt – aber keine aktive Teilnahme an dem Aufstand darstellt. Hilses Tod wirft auch deshalb Fragen auf, weil es nicht im Interesse des Militärs stehen kann, einen alten, unbeteiligten Mann statt der Rebellierenden zu töten.

Dennoch bezeichnet Rey Hauptmanns offenen Schluss als eine »Meisterleistung«[7], weil er die Leser zu einer Stellungnahme herausfordert.

7 Rey (s. Anm. 6), S. 160.

In seiner Untersuchung des problematischen Schlusses schlägt der Literatur- und Theaterwissenschaftler Peter Sprengel vor, keine Antwort auf die Frage zu suchen, warum Hilse am Ende sterben muss, sondern der dramentechnischen Deutung den Vorrang einzuräumen. Sprengel geht davon aus, dass der fünfte Akt eine Sonderstellung im Schauspiel einnimmt und eine Hilfskonstruktion des Autors darstellt. Der fünfte Akt als »Notbehelf«[8] ist auf genau diese Weise konzipiert, um den Aufstand überhaupt auf die Bühne bringen zu können: Denn die Darstellung der Massenszenen in diesem Akt ist bühnentechnisch das größte Problem. Der Autor löst es, indem er durch seine Botenberichte und durch die Teichoskopie die Ereignisse erläutern und kommentieren lässt. Bei dem Botenbericht informiert eine Figur über ihre Beobachtungen, die die Zuschauer im Theater nicht wahrnehmen können. Bei der Teichoskopie schildert der Sprecher von einem erhöhten Standort die auf der Bühne nicht darstellbaren Ereignisse und kommentiert sie. Durch den Einsatz dieser theatralischen Maßnahmen gelingt es Hauptmann, seinem mit epischen Elementen versehenen Schauspiel ein klassisches und bühnentaugliches Dramenende zu geben. Zudem schafft er damit die Möglichkeit, den Konflikt im fünften Akt auf den Höhepunkt zu treiben und ihn dann jäh zum Absturz zu bringen.

Vorrang der strukturellen Deutung

8 Fontane (s. Anm. 5), S. 858.

Konflikt: Der alte Hilse und Luise

Die größte Annäherung an die klassische Dramenform stellt der zwischenmenschliche Konflikt des alten Hilse mit seiner Schwiegertochter Luise dar. Dieser auf beiden Seiten mit aller Härte geführte Dialog ähnelt den Dialogen in den klassischen Dramen, weil es um den Austausch von unterschiedlichen Positionen geht, die von zentraler Bedeutung sind, und den Charakter des jeweiligen Dialogpartners veranschaulichen. Luise betont in besonderer Weise ihre Rolle als Mutter:

> LUISE, *maßlos.* […] Ich will 'ne Mutter sein, dass d's weeßt! und deswegen, dass d's weeßt, winsch' ich a Fabrikanten de Helle und de Pest in a Rachen nein. Ich bin ebens 'ne Mutter. […] Was hat so a Kindl verbrochen, hä? und muss so a elendigliches Ende nehmen – und drieben bei Dittrichen, da wern se in Wein gebad't und mit Milch gewaschen. Nee, nee: wenn's hie losgeht – ni zehn Pferde solln mich zurickehalten. Und das sag' ich: stirmen se Dittrichens Gebäude – ich bin de erschte – und Gnade jeden, der mich will abhalten. – Ich hab's satt, aso viel steht feste.
>
> DER ALTE HILSE. Du bist gar verfallen; dir is ni zu helfen.
>
> LUISE, *in Raserei.* Euch is nich zu helfen. Lappärsche seid ihr. Haderlumpe, aber keene Manne. Gattschliche zum Anspucken. Weechquarkgesichter, die vor Kinderklappern Reißaus nehmen. Kerle, die dreimal »scheen Dank« sagen fer 'ne Tracht Priegel. (S. 102 f.)

Die Auseinandersetzung der beiden Protagonisten darüber, ob die Weber dazu berechtigt sind, Gewalt zur Erreichung ihrer Ziele auszuüben, führt jedoch zu keiner Lösung des Konflikts. Weder Hilses Plädoyer, sich durch passives Erleiden das ewige Leben nach dem Tode zu verdienen, noch Luises Befürwortung, sich durch Aufbegehren und Gewalt das Lebensrecht zu erkämpfen, geben eine eindeutige Antwort auf diese Frage.

Warum muss der alte Hilse sterben?

Im klassischen Drama findet der Held in der Regel den Tod. Viele Interpreten sehen deswegen in Hilse den Helden, den Hauptmann in Anlehnung an die dramatische Tradition sterben lässt. Sein Tod kann somit sowohl als Rückgriff auf die dramatische Form als auch als Zurückweisung der revolutionären Ziele verstanden werden, die in den ersten vier Akten dargestellt werden.

5. Akt als Anti-Klimax

Der Germanist Karl S. Guthke meint, dass der fünfte Akt einen deutlichen Abfall in der Spannungskurve der Dramenhandlung verursacht. Durch den Tod Hilses deutet Hauptmann möglicherweise auf den nahenden Zusammenbruch des Weberaufstandes hin. Gleichzeitig beweist der fünfte Akt, dass Frömmigkeit und Selbstversklavung (Tatenlosigkeit, Anpassung und Duldung) keine Lösung der Probleme der Weber darstellen. Aber auch die gewalttätige Selbstjustiz der Aufständischen bringt sie der Verwirklichung ihres Zieles nicht näher.

In einer Untersuchung zum Tode Hilses im fünften Akt aus dem Jahr 2005 deutet Karl S. Guthke Hauptmanns Entscheidung, einen Unbeteiligten und zudem einen Gegner des Aufstandes durch eine Kugel des Militärs sterben zu lassen, als Kritik an einer verfehlten Regierungspolitik. Die militärische Niederschlagung der Revolte richtet sich zwar gegen die Aufständischen, trifft aber in Wirklichkeit die Unschuldigen unter den *Webern* und setzt deren Elend fort. Insofern steht das Schicksal der Figur Hilse für die Gesamtheit der Weber. Das Paradoxe an der Regierungspolitik ist nämlich, dass die verhafteten und zu langen Haftstrafen verurteilten Weber[9] im Zuchthaus am Leben erhalten werden. Bäcker bestätigt dies im Gespräch mit dem alten Hilse, als dieser ihn auf die zu erwartende Strafe anspricht: »Das wär' mir schonn lange recht. Da kriegt ma wenigstens satt Brot, Vater Hilse!« (S. 113). Eine solche Politik nötigt die Weber geradezu zum Aufstand, um sich ihre (Über-)Lebensgrundlage (notfalls mit Gewalt) zu erkämpfen. Mit dem Tod eines überzeugten Christen und unschuldigen Untertanen verpflichtet der Autor die seinerzeit Verantwortlichen in Staat und Gesellschaft dazu, ihrer gesamtgesellschaftlichen Verantwortung gerecht zu werden und zu erkennen, dass das soziale Problem 1844 nicht gelöst wurde, sondern noch immer auf die Lösung warten lässt. Der Tod Hilses ist demnach ein passender Schluss für das Schauspiel Hauptmanns.

Hilse als Opfer der Regierungspolitik

9 Rey (s. Anm. 6), S. 160.

7. Autor und Zeit

Kindheit und Jugend

Am 15.11.1862 wurde Gerhart Johann Robert Hauptmann in Ober Salzbrunn (Niederschlesien) geboren. Seine Eltern waren Marie Hauptmann (geb. Straehler) und Robert Hauptmann. Sie führten mit mäßigem wirtschaftlichem Erfolg im Ort das Hotel »Zur Krone«. Gerhart Hauptmann war das jüngste von den vier Kindern des Ehepaares. Er wuchs mit den Geschwistern Georg, Johanna und Carl in gesicherten kleinbürgerlichen Verhältnissen auf. Mit sechs Jahren begann Hauptmann seine Schulausbildung in der Dorfschule. Für den Besuch der weiterführenden Realschule musste er 1874 an die Zwinger-Realschule nach Breslau wechseln. Der Schulwechsel war auch mit einem Wohnortswechsel verbunden. Obwohl er mit seinem Bruder Carl in einer Schülerpension zusammenwohnte, fühlte er sich nicht wohl. Als das Hotel in eine wirtschaftliche Schieflage geriet, verließ Gerhart Hauptmann 1878 die Realschule und begann eine Ausbildung als Landwirtschaftslehrling. Da sich die körperliche Arbeit als zu schwer herausstellte, brach er die Ausbildung ab. Sein Bemühen, die Schulausbildung mit der mittleren Reife (Realschulabschluss) zu beenden, misslang.

■ Erziehung und Ausbildung

Während Hauptmanns Jugend – im Jahr 1878 – kam es zur Verabschiedung des Sozialistengesetzes (Gesetz gegen die gemeingefährlichen Bestrebungen der

■ Politische Hintergründe

Sozialdemokratie), mit dem Bismarck den zunehmenden politischen Einfluss derjenigen Gruppierungen eindämmen wollte, die versuchten, eine Lösung für die dringenden Probleme der Armen und der Arbeiterklasse zu finden. Das Gesetz sah das Verbot kommunistischer, sozialistischer und sozialdemokratischer Gruppen vor. Zeitungen und Zeitschriften, die Artikel zum Elend der Massen und der Lösung dieser Probleme druckten, wurden unterdrückt. Alles, was auch nur im Entferntesten den Eindruck erweckte, die bestehende Staats- und Gesellschaftsordnung gefährden zu können, wurde konsequent verfolgt und unter Strafe gestellt.

■ Studium und erste Tätigkeiten

Ab 1880 besuchte Hauptmann die Bildhauerklasse der Königlichen Kunst- und Gewerbeschule Breslau. Nur zwei Jahre später brach er das Studium ab, um an der Universität Jena nunmehr Philosophie und Literaturgeschichte zu studieren. Nach nur einem Jahr beendete er auch dieses Studium. Inzwischen hatte er sich heimlich mit Marie, der Tochter des reichen Großkaufmanns Berthold Thienemann, verlobt. Diese ermöglichte ihm eine Mittelmeerreise. In Rom versuchte er sich als freier Bildhauer. Eine schwere Erkrankung zwang ihn jedoch, 1884 nach Deutschland zurückzukehren. Sowohl eine Zeichenausbildung in Dresden als auch ein Geschichtsstudium in Berlin scheiterten. Der Schauspielunterricht begeisterte ihn mehr, vor allem auch wegen seines ständigen Kontaktes zum Theater.

Abb. 6: Gerhart Hauptmann, Fotografie von Karl Scolik. – @ ÖNB Wien: Pr 5.006: D (3)

Auf dem Weg zum Ruhm

1885 heiratete Gerhart Hauptmann Marie Thienemann. Das Ehepaar zog in einen Ort in der Nähe Berlins, wo Hauptmann im darauffolgenden Jahr Bekanntschaft mit einigen bekannten Vertretern des Berliner Naturalismus schloss. Die Nähe zum Natura-

Familiengründung und erster Erfolg

lismus brachte ihn in Schwierigkeiten, weil sich die staatlichen Überwachungsapparate für die überwiegend gesellschaftskritischen Vertreter dieser Gruppierung interessierten. In relativ kurzen Abständen wurde Hauptmann nun Vater von drei Söhnen: Ivo (1886), Eckart (1887) und Klaus (1889). Während dieser Zeit (1888) erschien seine novellistische Studie *Bahnwärter Thiel.* Mit ihr erlangte Hauptmann einen gewissen Bekanntheitsgrad in den literarischen Kreisen.

Theaterskandal

Hauptmanns 1889 am Berliner Lessingtheater uraufgeführtes Stück *Vor Sonnenaufgang*, dem er den Untertitel »Soziales Drama« gab, sicherte ihm und der naturalistischen Bewegung den literarischen Durchbruch. Die heutige Forschung geht davon aus, dass mit *Vor Sonnenaufgang* das deutsche Drama Anschluss an die Weltliteratur fand. Bei dem bürgerlichen Publikum löste das Stück allerdings einen Schock aus.

Vor Sonnenaufgang

In der Familientragödie führen Alkoholkonsum und Sexualität zum Zerfall der familiären Beziehungen. Der alkoholabhängige und von seiner zweiten Frau betrogene Familienvater giert nach seinen beiden Töchtern. Die älteste, ebenfalls alkoholabhängige Tochter ist mit einem Ingenieur verheiratet, der sich aber mehr für die jüngere Schwester interessiert. Diese extrem religiös erzogene junge Frau glaubt sich durch die Liebe zu einem Freund des Ingenieurs aus ihrer hoffnungslosen Situation befreien zu können. Als er von der Alkoholsucht und den weiteren Problemen der anderen Familienmitglieder hört, weist er ihre Zuneigung zurück und verlässt die junge Frau. Enttäuscht begeht sie Suizid.

Das erste Drama Hauptmanns weist zahlreiche Merkmale auf, die der Dichter auch in seinen nachfolgenden Stücken – zum Teil ein wenig modifiziert – verwendet. Dies betrifft zunächst die Verwendung von Dialekt und Hochsprache. Des Weiteren bedient sich der Autor ausführlicher Regieanweisungen, die durchaus den Umfang von einer ganzen Seite überschreiten und damit die klare Grenze zwischen Dramatik und Epik verwischen. Und schließlich initiiert eine Figur, die von außen auf die Familienmitglieder einwirkt, die Handlung.

■ Theatralische Innovationen

Gerhart Hauptmann fand durch den Erfolg dieses Dramas zahlreiche einflussreiche Unterstützer, die seinen Bekanntheitsgrad und die Akzeptanz seiner Stücke förderten. Zu ihnen zählten unter anderen sein Verleger Samuel Fischer und der Theaterintendant Otto Brahm.

Im darauffolgenden Jahr (1890) kam es zum Sturz des Reichskanzlers Bismarck und damit zum Ende der Sozialistengesetze. Die Lösung der sozialen Frage rückte damit allerdings nicht näher, obwohl sie sich in diesem Jahr wieder dringlicher stellte. In Schlesien hatte sich die materielle Situation der Weber aufgrund einer Missernte weiter verschärft, so dass verschiedene Zeitungen darüber berichteten und zur Unterstützung der Bevölkerung aufriefen. Ein Pfarrer hatte durch seinen Aufruf zu einer Hilfsaktion dazu

■ Weberelend

beigetragen, dass das Weberelend wieder zu einem Gegenstand des öffentlichen Interesses geworden war. Die staatlichen Organe setzten nun alles daran, die neuerliche Diskussion über die sozialen Probleme zu unterdrücken, weil sie befürchten mussten, dass die Arbeiterbewegung verstärkten Zulauf erhielt. 1891 wurde dem Pfarrer verboten, seine Hilfsaktionen fortzusetzen. Allerdings änderte das nichts daran, dass die Zeitungen weiter über die Entwicklungen und die staatlichen Lösungsversuche berichteten.

■ *Die Weber*

Die erneute öffentliche Diskussion dürfte dazu beigetragen haben, dass Hauptmann aufgrund seines sozialkritischen Engagements seine Bemühungen um einen künstlerischen Beitrag zum Weberelend intensivierte, nachdem er bereits zu Beginn des Jahres 1890 mit den Vorarbeiten zu seinem zweiten sozialen Drama *Die Weber* begonnen hatte. Die Tatsache, dass Hauptmanns Drama zu dem Zeitpunkt entstand, an dem nach 1844 erneut vom Weberelend in Schlesien berichtet wurde, führte zu Spekulationen über die Intentionen des Autors. Hatte Hauptmann beabsichtigt, sich mit seinem Drama an der aktuellen Diskussion zu beteiligen? Oder war es ihm nur darum gegangen, an die Ereignisse von 1844 zu erinnern?

■ Hauptmanns Rückblick auf die Entstehungszeit

In seiner späteren Autobiographie *Das Abenteuer meiner Jugend* (1937) beschreibt der Autor die Motivation zum Verfassen seines Dramas folgendermaßen:

»Aber es gehörte immerhin Mut dazu, dieser in Preußen übel vermerkten Erinnerung, statt sie völlig auszulöschen, in einer Gestaltung neue Gegenwart, ja möglicherweise Dauer zu geben. Aber das soziale Drama, wenn auch zunächst nur leeres Schema, lag als Postulat in der Luft. Es real ins Leben zu rufen war damals eine Preisaufgabe, die gelöst zu haben so viel hieß wie der Initiator einer neuen Epoche zu sein. [...] Mitleid wird mir später »Die Weber« diktiert haben. Aber ebenso sehr der Zwangsgedanke sozialer Gerechtigkeit.«[10]

In seiner Selbstauskunft spricht Hauptmann davon, durch eine Dichtung die Erinnerung an das Weberelend überall permanent wachzuhalten. Gleichzeitig benennt er das Motiv seiner literarischen Produktion: durch das (persönliche) Mitleid und seine Vorstellung von sozialer Gerechtigkeit zu einer Verbesserung der Lebensverhältnisse der armen Leute beizutragen.

Gerhart Hauptmann sollte noch über das Jahr 1891 hinaus an der Fertigstellung seines sozialen Dramas arbeiten, bevor es sprachlich überarbeitet in Buchform erschien.

1893 war ein aufregendes Jahr für Gerhart Hauptmann: Der Beginn verlief vielversprechend, weil *Die Weber* nun doch uraufgeführt werden konnten, wenn auch in einer nicht öffentlichen Aufführung. In der zweiten Jahreshälfte folgte die Uraufführung der Komödie *Der Biberpelz*. Sie fiel bei der Kritik durch; ei-

10 Gerhart Hauptmann, *Sämtliche Werke*, hrsg. von Hans Egon Hass, Bd. 7: *Autobiographisches*, Frankfurt a. M. / Berlin 1962, S. 1079.

Dichterischer Wandel?

nige Rezensenten meinten außerdem, Hauptmann habe sich von seiner naturalistischen Schreibweise ab- und der Neuromantik zugewandt. Andere Literaturwissenschaftler teilen die Auffassung, dass Hauptmann sich der neuromantischen Strömung angeschlossen habe, nicht. Sie gehen davon aus, dass er in seinen weiteren Dramen den naturalistischen Elementen traditionelle Elemente hinzugefügt habe.

Der Biberpelz

Die Protagonistin im *Biberpelz*, Mutter Wolffen, nimmt es mit dem Recht nicht so genau. Wenn sie die Möglichkeit sieht, für sich und ihre Familie etwas herauszuholen, schreckt sie vor kleinen Gesetzesbrüchen nicht zurück. Mutter Wolffens Vergehen bleiben jedoch unentdeckt. Schuld daran ist der unfähige Amtsvorsteher von Wehrhahn. Der absolut regierungstreue, eingebildete und engstirnige Amtmann verfolgt und verhaftet lieber politisch andersdenkende und kritische Bürger. Mit dem Stück übte Hauptmann insbesondere Kritik an den Vertretern der staatlichen Obrigkeit, mit denen er seit dem Aufführungsverbot seiner *Weber* haderte.

Nach der Uraufführung begann ein langer Ehekrieg Hauptmanns gegen seine Frau, der später mit der Scheidung der Ehepartner endete. Es folgten zwei Jahre, in denen er vor allem an seinem *Florian Geyer* arbeitete, der schließlich 1896 uraufgeführt werden konnte. Dieses historische Drama dokumentiert nach Ansicht wieder anderer Kritiker, dass sich Hauptmann nie vom Naturalismus gelöst habe.

Die Vorarbeiten zu *Florian Geyer* (einem Ritter aus

der Zeit des Bauernkrieges 1525) erinnern an die Vorgehensweisen des Autors zu seinem Schauspiel *Die Weber*. Wieder studierte Hauptmann historische Quellen, betrieb Studien zur Sprache des Mittelalters und der Region und unternahm Studienreisen zu den historischen Schauplätzen. Zudem fallen zahlreiche Parallelen bei den Inhalten und darstellerischen Merkmalen der beiden Stücke auf: Dem Kollektiv der (aufständischen) Weber entspricht das Kollektiv der (aufständischen) Bauern und deren Verbündeten. Der Unterschied zwischen den beiden Dramen besteht darin, dass in den *Webern* einzelne Figuren als Repräsentanten für die Gesamtheit der Weber sprechen, während in dem neuen Drama der Protagonist zu den Aufständischen spricht. Eine weitere Gemeinsamkeit zwischen den beiden Stücken zeigt sich in den unterschiedlichen Vorstellungen der Beteiligten über die Ziele und Vorgehensweisen zur Lösung der Probleme. Da die Bauern und ihre Verbündeten unterschiedliche Interessen verfolgen und sich nicht auf gemeinsame Ziele und auf einen gemeinsamen Oberkommandierenden verständigen können, kommt es wie bei den Webern zu einem unorganisierten Widerstand, der aber von der adligen Gegenpartei brutal niedergeschlagen werden kann.

■ Vergleich *Die Weber* und *Florian Geyer*

Die Kritik bescheinigte dem Autor, mit *Florian Geyer* die Gestaltungskriterien der naturalistischen Dramenlehre (u. a. wahrheitsgetreue Darstellung der Ereignisse bis ins Detail) konsequent umgesetzt zu haben.

Gerhart Hauptmann feierte weiter große Erfolge. Das Schauspiel *Fuhrmann Henschel* sahen viele Kritiker 1898 als Rückkehr zum naturalistischen Milieudrama. Dieser Einschätzung stimmten aber nicht alle Rezensenten zu. In dem Schauspiel zerbricht der Fuhrunternehmer Henschel zunehmend an seinen zahlreichen Schuldgefühlen. Er hat ein Versprechen gebrochen, das er seiner Frau an ihrem Sterbebett gegeben hatte. Als seine kleine Tochter kurz darauf stirbt und sich hartnäckig die Gerüchte halten, dass er beide vergiftet habe, verschärft sich seine psychische Krise und er begeht Selbstmord.

Fuhrmann Henschel

Das Schauspiel *Rose Bernd* (1903) war nicht weniger erfolgreich. In ihm modernisiert Hauptmann das bürgerliche Trauerspiel leicht im Sinne des Naturalismus. Es steht insgesamt in der Tradition des Sturm und Drang. Die junge, unverheiratete Bauernmagd Rose Bernd wird schwanger. Dem Kindsvater als auch ihrem Verlobten erzählt sie nichts davon. Ein ungeliebter Verehrer, der von ihrem Verhältnis zum Kindsvater weiß, verfolgt und bedrängt sie. Es kommt zu einem Kampf zwischen dem Verlobten und dem Verehrer. Letzterer streut Gerüchte, die die Ehre der Familie verletzten. Roses Vater verklagt ihn. Sie schwört aus Angst, dass der Verehrer ihr Geheimnis ausplaudert, einen Meineid. Am Ende steht sie ganz allein da. Der Kindsvater und ihr Verlobter verstoßen sie. Kurz nach der Geburt tötet sie ihr Kind.

Rose Bernd

Hauptmann nahm spätestens ab diesem Drama eine herausragende Position in der deutschen Literaturgeschichte ein. Er galt als erfolgreichster und einflussreichster Dichter – vor allem als Dramatiker und Romancier – Deutschlands. Obwohl er schon 1896 und 1899 den Grillparzer-Preis verliehen bekommen hatte, wiederholte sich diese Auszeichnung im Jahr 1905. Weitere Preis- und Ordensverleihungen unterstrichen die Bedeutung des Dichters und seines umfangreichen Werkes sowie seine Popularität beim Publikum.

■ Ruhm und Auszeichnungen

1904 endete Hauptmanns Ehekrieg mit Marie. Nach der Scheidung heiratete er Margarete Marschalk, mit der er schon lange befreundet war und einen gemeinsamen vierjährigen Sohn hatte. Die Ehe mit seiner zweiten Frau hielt trotz einer kurzen Beziehung zu einer anderen Frau bis zu seinem Lebensende.

■ 2. Ehe

Einen vorläufig letzten dramatischen Erfolg bescherte ihm 1911 das Schauspiel *Die Ratten*. Das Stück steht wieder in der Tradition des bürgerlichen Trauerspiels, wobei Hauptmann das tragische Geschehen in das kleinbürgerliche, proletarische Milieu verlagert. Naturalistische Eigenheiten ergeben sich aus der Tatsache, dass die Konflikte der Protagonisten weniger durch ihre persönlichen Aktivitäten hervorgerufen werden, sondern dass sie die Opfer der gesellschaftlichen Verhältnisse sind.

■ *Die Ratten*

Literaturnobelpreis und die Zeit danach

Den Höhepunkt in Hauptmanns literarischem Schaffen stellte 1912 die Verleihung des Literaturnobelpreises für seine dramatische Dichtung, insbesondere für sein soziales Drama *Die Weber*, dar. Damit wurden seine fortwährenden Bemühungen gewürdigt, die brennenden gesellschaftlichen und wirtschaftlichen Probleme künstlerisch und den Zeitumständen angemessen widerzuspiegeln.

Befürworter des Ersten Weltkriegs

Mit dem Kriegsbeginn 1914 nahm Hauptmanns literarische Produktion deutlich ab, zudem verwirrten die Inhalte sein Publikum. Obwohl er sich 1913 noch mit Nachdruck zum Pazifismus bekannt hatte, befürwortete er zu Kriegsbeginn die militärischen Ziele des Kaiserreiches und schrieb zahlreiche kriegsverherrlichende Gedichte. Seine überzeugte Parteinahme für den Krieg förderte zwar nicht den Absatz seiner Werke, führte allerdings auch nicht zu einem Absinken seiner Beliebtheit.

Weimarer Republik

Nach Kriegsende bekannte sich Gerhart Hauptmann als Verfechter der Demokratie zur Weimarer Republik. Obwohl er kein Mitglied in der SPD war, verfolgte er deren Ziele, indem er Verständnis für die Probleme der Armen und des einfachen Volkes zeigte und für die Durchsetzung seiner sozialen Interessen eintrat. Um 1922 hielt sich hartnäckig das Gerücht, dass Hauptmann aufgrund seiner nationalen und internationalen Anerkennung sowie seines moralischen Ansehens als Kandidat für das Amt des Reichspräsidenten vorgeschlagen werden sollte.

Nationalsozialismus

Nach den eigenen Worten Hauptmanns dauerte »[s]eine Epoche« von 1870–1933, endete also mit der Machtergreifung Hitlers. Dies hielt ihn aber nicht davon ab, eine Solidaritätsbekundung an die nationalsozialistischen Machthaber zu senden. Die Mitglieder der Regierung misstrauten seinem Wohlverhalten und gingen auf Distanz zu ihm, weil sie ihn als einen Befürworter der von ihnen verachteten Weimarer Republik betrachteten. Hauptmann lehnte es stets ab, das nationalsozialistische Deutschland zu verlassen. Der Entscheidung anderer Autoren, ins Exil zu gehen, wollte er sich nicht anschließen.

Im Jahr vor seinem Tod bekundete er gegenüber einer vom späteren Kulturminister der DDR, Johannes R. Becher, geführten Kommission seine Bereitschaft zur Zusammenarbeit mit den kommunistischen Machthabern in der DDR. Gerhart Hauptmann starb am 6. Juni 1946 in seinem Haus Wiesenstein in Agnetendorf. Seine Beisetzung fand am 28. Juli in Kloster auf Hiddensee statt.

■ DDR

Literaturtheoretische und politische Positionen

Zu den grundlegenden literaturtheoretischen Überzeugungen des Autors gehörten unter anderem:

■ Literaturtheoretische Überzeugungen

- Die Dichtung ist verpflichtet zur wahrheitsgetreuen und detaillierten Wiedergabe der Lebensbedingungen, auch der Schattenseiten, der armen und kleinen Leute und ihrer aufrichtigen Natürlichkeit.

- Die literarische Produktion ist praktizierte Religiosität durch empfundenes Mitleid und gelebte Humanität.
- Der Dichter muss als Chronist und Kritiker sozialer Missstände auftreten und sich durch seine engagierte künstlerische (literarische) Produktivität für die Unterdrückten und Ausgebeuteten einsetzen.

Politische Positionen

Hauptmanns politische Überzeugen schwankten und wiesen nur wenige überdauernde Züge auf.

- Der Autor verstand sich im Kaiserreich als vehementer Vertreter der Opposition gegen die herrschenden Kreise.
- Er war nie Mitglied einer politischen Partei. Er bestand darauf, dass ein Schriftsteller sich politisch enthalten sollte.
- Gerhart Hauptmann bewies zeit seines Lebens Treue gegenüber seinem Vaterland. Er identifizierte sich mit seiner Heimat und seinem Heimatland, was auch die Billigung negativer Maßnahmen oder Aktivitäten nicht ausschloss.
- Hauptmann distanzierte sich nie vom nationalsozialistischen Antisemitismus, obwohl seine engsten Freunde und zahlreiche Bekannte Angehörige des jüdischen Glaubens waren.

8. Rezeption

Die Buchausgabe

Hauptmanns *Die Weber* erschien zunächst 1892 in Buchform. Die Kritik rückte Aspekte in den Vordergrund, die auch in den Rezensionen zu den (nicht) öffentlichen Aufführungen eine Rolle spielten. Die Stellungnahmen zu der Buchausgabe waren sehr positiv, was den Autor bewog, bei seinem Verleger mit Nachdruck eine höhere Auflage zu fordern, um das Kaufinteresse der Leser zu befriedigen.

■ Rezensionen zur Buchausgabe

Paul Marx ging in seiner Rezension »Der schlesische Weberaufstand in Dichtung und Wirklichkeit« (1892) davon aus, dass es sich bei Hauptmanns Schauspiel um ein modernes Stück handele, das die aktuellen Probleme der schlesischen Weber von 1890 darstelle. Er schätzte es so ein, dass Hauptmann weder revolutionäre noch provokative Absichten verfolge. Es gehe dem Autor vielmehr um die Darstellung der Folgen des individuellen Leids der Weber durch den Hunger und die Härte der reichen Verleger. Hauptmann beschreibe in seinem Schauspiel, wie durch das Weberlied »Das Bluttgericht« der Protest der Hungerleider ausgelöst und der weitere Fortgang beeinflusst worden sei. Aufgrund dieser Aussagen hielt der Rezensent ein Aufführungsverbot durch die Zensurbehörden für unwahrscheinlich.

Im Februar 1892 erschien auch die Kritik »Gerhart Hauptmanns Webertragödie« von Wilhelm Bölsche.

Ein Menschheitsstück

Kein Programm-Drama des Naturalismus

Ohne propagandistische Absicht

Er sah in dem Schauspiel kein soziales Drama, sondern ein Stück, das die gesamte Menschheit betreffe: Der Autor beobachte das Ringen der Weber um ein menschenwürdiges Dasein und stelle es in einer neuen angemessenen Form dar. Bölsche schloss deshalb ferner aus, dass Hauptmann ein typisches Drama der naturalistischen Schule entworfen habe. Der Rezensent feierte den fünften Akt als den Höhepunkt des Schauspiels, in dem es Hauptmann gelungen sei, den wirklichen Grund für das Scheitern in der Religiosität der Weber herauszuarbeiten.

Diese Auffassungen teilten weitere Rezensionen. Insbesondere der spätere Intendant des Deutschen Theaters in Berlin betonte, dass es sich nicht um eine Tendenzdichtung handele. Hauptmann sei es vielmehr gelungen, aus den historischen Ereignissen ein künstlerisch anspruchsvolles Drama zu entwerfen.

Die Auseinandersetzung mit den Zensurbehörden

Hauptmanns *Die Weber. Schauspiel aus den vierziger Jahren* führte bereits vor seiner Erstaufführung zu regen Diskussionen. Von einem aufrührerischen Stück war die Rede, in dem die politischen Vorstellungen einer bestimmten Partei zum Ausdruck gebracht würden. Die staatlichen Behörden verboten deshalb 1892 zunächst die öffentliche Aufführung des sozialen Dramas und machten die Angelegenheit zu einem Politikum.

Verbotsgründe

Bei der Begründung des Verbots erwähnte der Polizeipräsident Berlins die politische Ausrichtung des Stücks. Aufgrund seiner Bedenken kam der Polizeipräsident zu dem Ergebnis, dass die im Drama dargestellten Verhältnisse die sozialdemokratisch orientierten Bürger Berlins zu Demonstrationen ermuntern könnten: Das Stück fördere die Stimmungsmache für die Zielsetzungen der Anhänger dieser Kreise durch die politisch gezielte Darstellung der Figurenkonzeption.

Rechtfertigungsversuche

Hauptmanns Anwalt legte in seinem Widerspruch vom 5. April 1893 gegen das Aufführungsverbot Wert darauf, dass der Autor die Vorgänge in seinem Schauspiel in enger Anlehnung an die lokalen Ereignisse im Juni 1844 im Eulengebirge und in Langenbielau schildere. Es handele sich um eine künstlerische Wiedergabe des historischen Weberaufstandes. Sie orientiere sich an den Gestaltungskriterien einer modernen anerkannten Kunstrichtung, am Naturalismus. Des Weiteren besitze das Stück eine große künstlerische Bedeutung. Ferner betonte der Rechtsanwalt, dass die von Hauptmann dargestellte Handlung einen eindeutigen Lokal- und Zeitcharakter trage. Großen Wert legte Hauptmanns Verteidiger auf die Feststellung, dass es sich um keine Parteinahme für irgendeine politische Partei handele und das Stück keine Empfehlung der sozialdemokratischen Parteiziele beabsichtige. Die Figurenkonzeption stelle darüber hinaus keine Bezüge zu gegenwärtig lebenden Personen her und beruhe nicht auf gewalttätigen und staatsfeindlichen Personengruppen. Die Berliner Arbeiterschaf könne sich aus finanziellen Gründen gar keinen Theaterbesuch leisten.

Die Zurückweisung des Widerspruchs durch den Berliner Polizeipräsidenten beruhte darauf, dass dieser doch ein aktuelles Element in dem Stück Hauptmanns erkannt haben wollte: Die bestehende Gesellschaftsordnung von 1893 entspreche der kritisierten Gesellschaftsordnung von 1844.

Appell an Menschlichkeit

Der Anwalt Hauptmanns wies diese Behauptungen zurück und verwies auf die Absicht seines Mandanten, nicht an die Arbeiter, sondern an die Menschlichkeit auf Seiten der Wohlhabenden zu appellieren. Das Stück vertrete schon deshalb Forderungen, die eine gerechte Gesellschaft auszeichnen sollten. Er wiederholte noch einmal die bekannte Behauptung seines Mandanten, dass eine parteiliche Inanspruchnahme seines Dramas den künstlerischen Wert seiner dramatischen Dichtung mindere.

Das Einlenken

Das Preußische Oberverwaltungsgericht folgte am 2. Oktober 1893 der Argumentation des Anwalts. Hauptmanns soziales Drama *Die Weber* durfte öffentlich aufgeführt werden.

Die nicht öffentlichen Aufführungen 1893

Interpretationsspielräume

Die Reaktionen nach der ersten (nicht) öffentlichen Aufführung (1893) reichten von grenzenloser Begeisterung bis hin zur strikten Ablehnung – ganz abhängig davon, welchem gesellschaftlichen Standort der

Interpret oder Kritiker angehörte oder wie er zu den neuen formalen Elementen des naturalistischen Theaters stand.

Fast alle Rezensenten waren sich darin einig, dass Hauptmann eine neue Dramenform beziehungsweise das hervorragendste Drama der Gegenwart geschrieben habe. Hauptmanns Kunstverstand habe ihn Möglichkeiten finden lassen, durch besondere künstlerische Mittel das moderne Leben wahrheitsgetreu in seinem Schauspiel widerzuspiegeln. Die Lobpreisungen gipfelten in der Feststellung, dass kein anderes Schauspiel der Gegenwart sich im Entferntesten mit Hauptmanns *Webern* messen könne.

■ Das »großartigste Werk« der Gegenwart …

Obwohl dieses Urteil übereinstimmend vertreten wurde, gab es immer wieder einschränkende Kritik an Hauptmanns Konzeption der neuen Dramenform. Sehr häufig wurden traditionelle Elemente des Dramas vermisst. Die Kritiker erwarteten nicht nur die Darstellung einer geschlossenen Handlung, sondern auch Helden, die sich in Konflikten bewiesen. Sie bemängelten, dass Hauptmann zu sehr Zustände durch lange epische Regieanweisungen beschreibe.

■ … oder Kritik an neuer Dramenform

Ein Teil von Hauptmanns Kritikern war hauptsächlich darum bemüht, die Stimmen zu entkräften, die dem Schauspiel eine politische Tendenz oder Parteinahme unterstellten. Sie bemühten sich, den Nachweis zu erbringen, dass Hauptmann mit seinem Drama keine politische Botschaft oder parteipolitische Parolen vermitteln, sondern allgemeine Menschlichkeit propagieren wollte.

■ Tendenzdichtung?

Dies wiederum rief Verfechter sozialistischer oder sozialdemokratischer Überzeugungen auf den Plan, die in dem Schauspiel gern ein Bekenntnis zu ihren politischen Ideen gesehen hätten und sogar gesehen haben wollten. Sie nannten das Stück in ihren Kritiken gegenwartsbezogen und bahnbrechend oder hofften auf eine mächtige revolutionäre Wirkung, die von dem Drama ausgehen sollte. Auf diese Weise wurden der Autor und sein Schauspiel parteipolitisch vereinnahmt.

Die öffentlichen Aufführungen 1894

Die Auseinandersetzungen um das Stück nach den nicht öffentlichen Aufführungen 1893 setzten sich nach der öffentlichen Aufführung am Deutschen Theater Berlin 1894 fort. Die eine Fraktion der Kritiker feierte Hauptmanns Schauspiel als ein Kunstwerk der Weltliteratur, indem sie seine Originalität und das Neue, nämlich den neuen Stoff in neuer Form, in seinem Werk betonten.

■ Weltliteratur

Die andere Fraktion führte einen erbitterten Streit um den politischen Standort des Schauspiels. Kritiker unterstellten dem Autor die Absicht, statt Dramatiker Führer der sozialistischen Parteien sein zu wollen, der den Arbeitern Anweisungen zur besseren Durchsetzung ihrer Forderungen erteilen wolle. Von der Parteinahme für die Sozialdemokratie, vom Aufruf zum Umsturz der politischen Verhältnisse und zur Selbstjustiz war die Rede, so dass ein erneutes Aufführ-

■ Parteiprogramm

rungsverbot und das Einschreiten der staatlichen Behörden gefordert wurden.

Zwischen diesen Fronten bewegten sich (gemäßigtere) Kritiker, die eine sozialistische und revolutionäre Tendenz, eine politische Parteinahme oder einen Aufruf zur Auflehnung gegen die staatliche und wirtschaftliche Ordnung in dem Schauspiel verneinten. Sie attestierten dem Dichter die Absicht, die Wahrheit abbilden zu wollen, um die herrschenden Kreise und die Unternehmer an ihre sozialen Pflichten zu erinnern. Schließlich gehe es im Theater um künstlerisch gestaltete Probleme, die die gesamte Menschheit beträfen und nicht um politische Programme.

■ Zwischen den Fronten

Hauptmanns Taktieren zwischen den jeweils tonangebenden politischen Strömungen des Kaiserreiches, der Weimarer Republik und des Nationalsozialismus führte dazu, dass *Die Weber* weniger aufgeführt wurden. Nach 1945 gab es aufgrund der unterschiedlichen ideologischen Positionen in den beiden deutschen Staaten auch verschiedene Lesarten zu Hauptmanns Werken: Während diese in der DDR in die sozialistische Tradition einbezogen wurden, überwogen in der frühen Bundesrepublik Inszenierungen des Stücks, in dem es um die Verbreitung humanistischen Gedankengutes ging. Auch Inszenierungen, die das Stück in die Tradition des Naturalismus stellten, fanden Zuspruch.

■ *Die Weber* nach 1945

Die Rezeption der *Weber* seit 2000

Dresden 2004: Aufführungsverbot

Die Aufführung von Hauptmanns *Die Weber* wurde ein zweites Mal in Deutschland verboten, als sowohl die Erben Hauptmanns als auch eine im Stück fiktional zitierte Fernsehmoderatorin gegen die aktualisierte Fassung des Dresdner Staatsschauspiels in der Spielzeit 2004/05 eine einstweilige Verfügung einlegten, weil das Werk Hauptmanns verfälscht worden sei. Mit seiner Fassung hatte der Regisseur Volker Lösch anklagen und zeigen wollen, dass die Probleme von 1844 – Leben unter menschenunwürdigen Bedingungen – weder nach 1890 noch bis heute eine angemessene Lösung gefunden hätten.

Berlin 2011: Wutbürger äußern Kapitalismuskritik

Eine viel beachtete und durchaus unterschiedlich interpretierte Inszenierung brachte 2011 Michael Thalheimer auf die Bühne des Deutschen Theaters. Anders als in Dresden inszenierte Thalheimer die Vorlage sehr werkgetreu als soziales Drama. Dazu gehörte eine von ›Wutbürgern‹ geäußerte Kapitalismuskritik, die insgesamt von Ratlosigkeit und Angst getragen wurde. Die Vertreter der herrschenden Kreise wussten in Thalheimers Inszenierung keinen Ausweg aus der Krise, zeigten aber durchaus Angst vor den Zielen der Weber.

Hamburg 2017: Regietheater

Kornél Mundruczó inszenierte seine Lesart zu den *Webern* am Hamburger Thalia Theater sehr frei nach der Vorlage Hauptmanns. Nicht die schlesischen Weber standen im Mittelpunkt, sondern ausgebeutete Arbeiterinnen und Arbeiter aus einer ›Dritte-Welt-

Kleiderfabrik‹. Sie demonstrierte Mundruczó als Opfer von globalisierten Produktionsprozessen. Die Inszenierung gemäß dem Prinzip des Regietheaters ließ vom Schauspiel Hauptmanns kaum noch etwas übrig. Aus diesem Grunde wurde die Inszenierung widersprüchlich vom Publikum aufgenommen (Applaus und lautstarke Buh-Rufe).

Abb. 7: Szenenbild aus Michael Thalheims Inszenierung *Die Weber* (2011) am Deutschen Theater. – © Arno Declair

9. Prüfungsaufgaben mit Lösungshinweisen

Aufgabe 1: Analyse zweier Sachtexte mit weiterführendem Schreibauftrag

Arbeitsaufträge:
1) Fassen Sie die Aussagen in den beiden Texten zu den wesentlichen Elementen der sozialen Dichtung des Naturalismus zusammen und erläutern Sie diese anschließend.
2) Überprüfen Sie, ob und inwieweit die Aussagen der Textauszüge auf Hauptmanns *Die Weber* übertragen werden können.

Material 1:

Soziale Dichtung, unscharfe Sammelbez. für gesellschaftlich und humanitär engagierte Lit., die jedoch nicht auf einen bestimmten Parteien- oder Klassenstandpunkt festgelegt ist. [...] S[oziale] D[ichtung] befasst sich vorwiegend mit Problemen der sog. unteren Schichten, der Entrechteten, der menschlich und sozial Benachteiligten. Ihre Tendenz reicht vom Mitleidsappell bis zur Sozialkritik und politischen Anklage. Beispiele s[oziale]r D[ichtung] finden sich zu allen Zeiten, häufigere Verbreitung fand sie jedoch seit dem Aufkommen der Industriegesellschaft im 19. Jh. [...].

Dieter Burdorf / Fasbender, Christoph / Moennighoff, Burkhard (Hrsg.), *Metzler Lexikon Literatur*, 3., völlig neu bearb. Aufl., Stuttgart/Weimar 2007, S. 717. –

Material 2:

Angesichts der Industrialisierung u. der sich anbahnenden Massenkultur gestalteten die Dramatiker des 19. Jh. ihre Stücke mehr als früher »zeitgemäß« […], wurden auch Probleme der sozialen Unterschicht zum Thema. […] Die Naturalisten waren auch sprachlich auf Wiedergabe der sozialen Wirklichkeit bedacht; »die Sprache des Theaters ist die Sprache des Lebens« verkündete Arno Holz […]. Als formale Merkmale der neuen Dramaturgie nennt Alfred Kerr […]: Wegfall des Monologs u. des Beiseitesprechens, Bevorzugung der indirekten Charakteristik, Dialekt, Unordnung in der Redeweise, Wegfall der path. u. geistreichen Rede. Andererseits lieferten die Dramatiker des späten 19. Jh. nicht nur »Armeleutekunst« (Gerhart Hauptmann). In den Dramen von Ibsen, Strindberg, Tschechow u. Hauptmann […] kamen auch Probleme allg. Art (Psyche, Kommunikation, Sprache zur Darstellung. Bei alledem verlor die Handlung gegenüber den Charakteren, verlor auch das bewußt u. gezielt handelnde Individuum an Gewicht, gewannen nicht-intentionales (Traumszenen) u. kollektives Verhalten Bedeutung. Diese Umschichtungen sprengten die gewohnte Form, brachten auch strukturelle Änderungen mit sich (Einakter usw.), die den endgültigen Abschied von der klassischen Dramaturgie besiegelten.

Volker Meid (Hrsg.), *Sachlexikon Literatur*, München 2000, S. 191. –

Lösungshinweise

Erläuterungen zu den Operatoren:

- »**Zusammenfassen**«: Inhalte oder Aussagen komprimiert wiedergeben
- »**Erläutern**«: Materialien, Sachverhalte, Zusammenhänge, Thesen in einen Begründungszusammenhang stellen und mit zusätzlichen Informationen und Beispielen veranschaulichen
- »**Überprüfen**«: Aussagen/Behauptungen kritisch hinterfragen und ihre Gültigkeit kriterienorientiert und begründet einschätzen

Zu Arbeitsauftrag 1:

a) Einleitung schreiben mit Einleitungs- und Übersichtssatz zu Autor(en), Textsorte, Zeit der Entstehung und Überleitung zur Analyse

b) Kriteriengeleitet die Aussagen der Textauszüge zusammenfassen

Soziale Dichtung

- *Merkmale*: unscharfe Sammelbezeichnung
  - für engagierte Literatur
  - die nicht auf bestimmte parteiliche Ideologien oder bestimmte gesellschaftliche Standpunkte festgelegt ist
- *Thema:* befasst sich mit Problemen des vierten Standes
- *Ziele*:
  - Appell an das Mitgefühl

- Kritik an den sozialen Umständen
- politische Anklage
- • *zeitliches Vorkommen:* im 19. Jahrhundert

Drama des 19. Jahrhunderts

- *Merkmale:* auch (sprachliche) Wiedergabe der Wirklichkeit
  - Wegfall von Elementen des klassischen Dramas
  - Bevorzugung indirekter Charakterisierung
  - neue sprachliche Elemente: Dialekt, auffällige Redeweisen
  - Wegfall der geistreichen Rede
  - Reduktion der Handlung
  - geringere Bedeutung des Individuums
  - mehr Bedeutung des kollektiven Verhaltens
- *Themen:* Soziale Probleme der Unterschichten
- *Zeitliches Vorkommen:* 19. Jahrhundert, Naturalismus

c) Erläuterungen und weiterführende Informationen zu den Aussagen der Textauszüge:

- Die beiden Auszüge treffen zum einen übereinstimmende Aussagen zu den Merkmalen von sozialer Dichtung im 19. Jahrhundert. Zum anderen ergänzen sie sich.
- Gegenstand dieser Dichtung sind vor allem die Probleme der unteren Klassen.
- Kennzeichen der Dichtung sind unter anderem:
  - Engagement für die Unterdrückten
  - Bestimmte Zielsetzungen
  - Aufkommen seit dem Beginn der Industrialisierung

- Neue Dramenkonzeption, die sich von der traditionellen klassischen Dramentheorie abgrenzt und neue Formen bevorzugt
- Unter den Vertretern dieser Dichtung wird im zweiten Text auch Gerhart Hauptmann genannt.

d) Überleitungssatz zum zweiten Arbeitsauftrag schreiben

Zu Arbeitsauftrag 2:

e) Die Übertragbarkeit der Aussagen auf *Die Weber* überprüfen:

- Nicht nur die Erwähnung des Autors als Vertreter dieser Dichtung bestätigt die Übertragbarkeit.
- Es sind insbesondere die verschiedenen Kennzeichen der sozialen Dichtung, die sich nahezu allesamt in dem Schauspiel *Die Weber* wiederfinden lassen. Dazu zählen insbesondere die Intentionen des Autors, die Wahl des Genres, das Thema des Schauspiels, die Figurenkonzeption, die Sprache, die Verwendung neuer Formelemente in diesem Stück sowie die Verschiebung der Bedeutung von Akzenten.

f) Abschließende Feststellung und kurze Begründung (eventuell eigene Positionierung zum Drama)

Aufgabe 2: Vergleich zweier literarischer Texte mit weiterführendem Schreibauftrag

Arbeitsaufträge:

1) Analysieren und interpretieren Sie zunächst die Strophen 5–8 des Gedichts das »Bluttgericht« (S. 18), das im Schauspiel als »Weberlied« (S. 60) bezeichnet wird. Vergleichen Sie anschließend die Aussagen des Gedichts mit den Aussagen des epischen Ichs im Drama.

2) Beschreiben Sie die Wirkung des Weberliedes auf den Weber Baumert am Ende des zweiten Aktes (S. 44–47), und stellen Sie abschließend die Funktion des Weberliedes für das gesamte Schauspiel dar.

Textauszug: »Das Bluttgericht« (Strophen 5–8)

Ihr seid die Quelle aller Not,
Die hier den Armen drücket,
Ihr seid's, die ihr das trockne Brot
Noch von dem Munde rücket.

Was kümmert's euch, ob arme Leut'
Kartoffeln kauen müssen,
Wenn ihr nur könnt zu jeder Zeit
Den besten Braten essen?

Kommt nun ein armer Webersmann,
Die Arbeit zu besehen,
Find't sich der kleinste Fehler dran,
Wird's ihm gar schlecht ergehen.

Erhält er dann den kargen Lohn
Wird ihm noch abgezogen,
Zeigt ihm die Tür mit Spott, und Hohn
Kommt ihm noch nachgeflogen.

Zitiert nach: Dagmar Walach, *Erläuterungen und Dokumente. Gerhart Hauptmann. »Die Weber«*, Stuttgart 1999, S. 74. [Anmerkung: Das Gedicht (Spottlied) entstand um 1844, der Dichter ist unbekannt.]

Lösungshinweise

Erläuterungen zu den Operatoren:

- »**Analysieren**«: einen Text als Ganzes oder aspektorientiert unter Wahrung des funktionalen Zusammenhangs von Inhalt, Form und Sprache erschließen und das Ergebnis der Erschließung darlegen
- »**Interpretieren**«: auf der Grundlage einer Analyse im Ganzen oder aspektorientiert Sinnzusammenhänge erschließen und unter Einbeziehung der Wechselwirkung zwischen Inhalt, Form und Sprache zu einer schlüssigen (Gesamt-)Deutung gelangen
- »**Vergleichen**«: nach vorgegebenen oder selbst gewählten Gesichtspunkten Gemeinsamkeiten, Ähn-

lichkeiten und Unterschiede herausarbeiten und gegeneinander abwägen

- »**Beschreiben**«: Sachverhalte, Situationen, Vorgänge und Merkmale von Figuren sachlich darlegen
- »**Darstellen**«: Inhalte, Probleme, Sachverhalte und deren Zusammenhänge aufzeigen

Zu Arbeitsauftrag 1:

a) Einleitung schreiben mit Einleitungs- und Übersichtssatz zu Autor, Textsorte, Zeit der Entstehung und Überleitungssatz zur Analyse

b) Die Strophen 5–8 des Gedichts aspektorientiert erschließen:

- Thema
  - Wirklichkeit/Fiktion
  - Erfahrungsebene
- Inhalt sichern
  - Schlüsselwörter und/oder semantische Kartografie
  - Randnotizen
  - Zwischenüberschriften/Kommentierung
- Inhaltlicher Aufbau
  - Stimmung
  - Gedankenführung
- Genauere Analyse des lyrischen Sprechers
  - Sprechsituation
  - Standpunkt gegenüber dem Dargestellten
  - Sichtweise
  - Sprechhaltung
  - Sprechabsicht

- Lyrisches Genre
  - Volkslied
  - Spottlied
- Analyse der lyrischen Form
  - Strophenform
  - Wortwahl
  - Satzbau
  - Tempusformen
  - Rhetorische Figuren
- Bildlichkeit
  - Vergleich
  - Metapher
  - Allegorie
- Analyse der textüberschreitenden Aspekte
  - Zeitumstände
  - Epoche

c) Vergleich der beiden literarischen Texte nach selbstgewählten ergiebigen Aspekten:

Gedicht	**Kriterium**	Drama
Verleger	**Verursacher der Not**	Verleger
Mangelernährung	**Ernährungs-situation**	Hunger
Mängel am Produkt führen zu negativen Folgen	**Arbeits- und Lohnsituation**	Mängel werden akribisch gesucht, um den Lohn zu drücken

Abzüge vom ohnehin schon knappen Lohn	**Lohndumping**	Hungerlöhne werden noch weiter gekürzt
Verhöhnung und Verspottung Entlassung	**Verhältnis von Verlegern und Webern**	Verhöhnung und Verspottung Entlassung

Zu Arbeitsauftrag 2

d) Wirkung des Weberliedes auf den Weber Baumert beschreiben:

- Die Regieanweisungen belegen, wie Baumert bei dem Vortrag des Weberliedes nach anfänglicher Ergriffenheit (»gepackt und im Tiefsten aufgerüttelt«, S. 45) zunehmend die Selbstkontrolle verliert (»stammelnd, unter Lachen und Weinen«, S. 45) und sich in »delirante[] Raserei« (S. 46) hineinsteigert, bevor er »weinend vor verzweifeltem Ingrimm auf einem Stuhl« (S. 47) zusammenbricht.
- Auch in seinen Formulierungen lässt sich die Wirkung des Vortrags nachweisen. Er redet von »Wahrheet« (S. 45), die aus den Zeilen des Gedichts spreche. »[M]it zitternder Wut« (S. 45) stampft er auf den Boden und bezeichnet die Verleger als »Satansbrut« (S. 47). Am Ende vergleicht er den Wahrheitsgehalt des Liedes mit dem Wahrheitsgehalt der Bibel.

e) Die Funktion des Weberliedes für das gesamte Drama darstellen:

- In der Vorgeschichte führt das Singen des Spottliedes zu einem Antrag auf Verbot des Weberliedes. Moritz

Jägers Vortrag von einzelnen Strophen berührt im zweiten Akt den alten Baumert und Ansorge. Sie werden vom Inhalt ergriffen, steigern sich in eine entsprechende Wut hinein, dass Sie ihren Willen zur Veränderung der bestehenden Verhältnisse bekunden. Das Singen des »Teifelslied« (S. 61), Mitte des dritten Aktes, erregt den Ärger des Wirtes, der daraufhin die anwesenden Weber auffordert, das Singen zu unterlassen. Es stiftet ein Zusammengehörigkeitsgefühl unter den Webern, als Bäcker schließlich von »unser[em] Lied« spricht. Das Verbot führt dazu, dass die Weber noch weiter zusammenrücken: Sie singen das Lied als Ausdruck ihrer Gemeinschaft im vierten Akt vor Dreißigers Haus erneut und provozieren damit den Eigentümer. Im fünften Akt schließlich klingt das Weberlied während des Zuges der Weber nach Langenbielau wie »ein dumpfes, monotones Wehklagen« (S. 105).

f) Kurze Zusammenfassung aller Untersuchungsergebnisse, wobei eine reine Wiederholung von bereits getroffenen Formulierungen vermieden werden sollte. (Dafür eventuell Verweis auf die Marseillaise als Lied der Französischen Revolution oder auf die Bedeutung der Volkslieder in den Befreiungskriegen.)

Aufgabe 3: Analyse eines literarischen Textes mit weiterführendem Schreibauftrag

Arbeitsaufträge:

1) Analysieren und interpretieren Sie die Auseinandersetzung zwischen dem alten Baumert und Gustav Hilse. Ordnen Sie dazu das Geschehen in das Gesamtdrama ein.

2) Charakterisieren Sie anschließend den alten Hilse.

Textauszug (S. 108-113):

DER ALTE BAUMERT *kommt herein, schon etwas unsicher auf den Füßen, einen geschlachteten Hahn unterm Arm. Er breitet die Arme aus.* Brie–derle – mir sein alle Brieder! Kommt an mei Herze, Brieder! *Gelächter.*

DER ALTE HILSE. Aso siehst du aus, Willem!?

DER ALTE BAUMERT. Gustav, du!? Gustav, armer Hungerleider, komm an mei Herze. *Gerührt.*

DER ALTE HILSE *brummt.* Lass mich zufriede.

DER ALTE BAUMERT. Gustav, aso is's. Glick muss d'r Mensch hab'n. Gustav, schmeiß amal a Auge uf mich. Wie seh' ich aus? Glick muss d'r Mensch haben! Seh' ich nich aus wie a Graf? *Sich auf den Bauch schlagend.* Rat amal, was in dem Bauche steckt? A Edelmannsfressen steckt in dem Bauche. Glick muss d'r Mensch haben, da kriegt a Schlampancher und Hasengebratnes. – – Ich wer euch was sagen: mir haben halt an Fehler gemacht: zulangen miss mer.

ALLE, *durcheinander.* Zulangen miss mer, hurra!

DER ALTE BAUMERT. Und wenn ma de erschten gutten Bissen verdrickt hat, da spiert ma's woll balde in d'r Natur. H–uchjesus, da kriegt man 'ne Forsche, aso stark wie a Bremmer. Da treibt's een de Stärke aus a Gliedmaßen ock aso raus, dass man gar ni mehr sieht, wo man hinhaut. Verflugasich die Lust aber ooch!

[…]

DER ALTE BAUMERT, *zu Hilse.* Nu trink amal, Gustav!

DER ALTE HILSE. Ich trink' nie keen'n Schnaps.

DER ALTE BAUMERT. Das war in d'r alten Welt, heut sind mir in eener andern Welt, Gustav!

[…]

DER ALTE HILSE, *ungeduldig.* Ihr Hellenbrände, was wollt ihr bei mir?!

DER ALTE BAUMERT, *ein wenig verschüchtert, überfreundlich.* Nu sieh ock, ich wollt' d'r a Hähndl bringen. Sollst Muttern dervon an Suppe kochen.

DER ALTE HILSE, *betroffen, halb freundlich.* Oh, geh und sag's Muttern.

[…]

DER ALTE HILSE. […] Und dir, Baumert! dir will ich a Wort sag'n. Wenn de Alten schwatzen wie de kleen'n Kinder, da steht d'r Teiwel uf'm Koppe vor Freiden. Und dass ihrsch wisst! Dass ihrsch alle wisst: ich und ihr, mir haben nischt nich gemeen. Mit mein'n Willen seit'r nich hier. Ihr habt hier nach Recht und Gerechtichkeet nischt nich zu suchen!

[…]

DER ALTE BAUMERT *war in stumpfsinniges Grübeln,*

auf einem Schemel hockend, verfallen; nun steht er auf. 's is wahr, Gustav, an kleene Schleuder hab' ich. Aber derwegen bin ich noch klar genug im Kopfe dahier. Du hast deine Meenung von der Sache, ich hab' meine. Ich sag: Bäcker hat recht, nimmt's a Ende in Ketten und Stricken – im Zuchthause is immer noch besser wie d'rheeme. Da is ma versorgt; da braucht ma nich darben. Ich wollte ja gerne nich mitmachen. Aber sieh ock, Gustav; d'r Mensch muss doch a eenziges Mal an Augenblick Luft kriegen. *Langsam nach der Tür.* Leb gesund, Gustav. Sollte was vorfalln, sprich a Gebetl fer mich mit, heerscht! *Ab.*

Lösungshinweise

Erläuterungen zu den Operatoren:

- »**Einordnen**«: eine Aussage, einen Text, einen Sachverhalt unter Verwendung von Kontextwissen begründet in einen vorgegebenen Zusammenhang stellen
- »**Charakterisieren**«: die jeweilige Eigenart von Figuren/Sachverhalten herausarbeiten

Zu Arbeitsauftrag 1:

a) Einleitung schreiben mit Einleitungs- und Übersichtssatz zu Autor, Textsorte, Zeit der Entstehung und Überleitungssatz zur Analyse

b) Einordnung des Gesprächs zwischen Baumert und Hilse in das Gesamtdrama:

- Das Gespräch zwischen den beiden Webern kommt im

letzten Akt zustande. Baumert ist mit den anderen Webern nach Langenbielau gezogen. Er versucht Gustav Hilse zur Teilnahme an dem Aufstand zu bewegen.

- Baumert tritt in allen Akten auf, während Hilse nur in diesem letzten Akt auftritt.

c) Das Gespräch zwischen Baumert und Hilse erschließen:

- Gesprächssituation
  - Gesprächspartner und ihre Beziehung zueinander
  - Jeweilige Intention
  - Äußere Einflüsse
- Gesprächsverlauf
  - Strategien, die die Partner jeweils anwenden
  - Redeanteile
  - Erfolg/Misserfolg
- Gesprächsart
  - Überzeugungsgespräch
- Gesprächsverhalten
  - Sprechhandlung: beschwören, murren, …
  - Nonverbale Äußerungen

Zu Arbeitsauftrag 2:

d) Charakterisierung des alten Hilse:

- Obwohl er zum Kollektiv der Weber gehört, hat ihn Gerhart Hauptmann zu einem individuell gezeichneten Protagonisten gemacht, der sich von den Übrigen abhebt.
- Gustav Hilse ist ein Kriegsinvalider, er hat einen Arm verloren.

- Seine Frömmigkeit bestimmt sein Denken und Handeln.
- Er ist bereit, sich das ewige Leben im Himmel durch sein Leben auf der Erde ›zu verdienen‹.
- Hilse setzt sich für Recht und Ordnung ein und bejaht die bestehenden gesellschaftlichen Verhältnisse.
- Der alte Hilse lehnt den Aufstand (Vorgehensweise und Ziele) in jeder Hinsicht ab, so dass er sich von den Befürwortern – und damit auch dem alten Baumert, dem Paten seines Sohnes – völlig distanziert.
- Er durchläuft keine Entwicklung, sondern beharrt auf seinen uneingeschränkt geltenden Auffassungen: »Hie hat mich mei himmlischer Vater hergesetzt. Gell, Mutter? Hie bleiben mer sitzen und tun, was mer schuldig sein, und wenn d'r ganze Schnee verbrennt« (S. 116).
- Mit seiner Schwiegertochter streitet er erbarmungslos über die ›richtigen‹ Einstellungen zum Leben, die Erziehung der (Enkel-)Tochter Mielchen, ihre Mutterrolle und seinen Sohn Gottlieb.
- Beim alten Hilse handelt sich um eine eher eindimensionale Figur.
- Sein Tod löste in der Sekundärliteratur Diskussionen aus (s. im Lektüreschlüssel S. 88).

e) Zusammenfassende Würdigung der Figur des alten Hilse

10. Literaturhinweise/Medienempfehlungen

Einzelausgabe

Hauptmann, Gerhart: Die Weber. Schauspiel aus den vierziger Jahren. Hrsg. von Martin Neubauer. Stuttgart: Reclam, 2018. (Reclam XL. Text und Kontext. 19406.) – *Nach dieser Ausgabe wird zitiert. Auf der Grundlage der gültigen amtlichen Rechtschreibung modernisiert. Der Text dieser Ausgabe ist seiten- und zeilengleich mit der Ausgabe der Universal-Bibliothek Nr. 19364.*

Werkausgabe

Hauptmann, Gerhart: Sämtliche Werke. Hrsg. von Hans-Egon Hass. Bd. I: Dramen. Darmstadt: Wissenschaftliche Buchgesellschaft, 1962.

Zur Biographie

Tank, Kurt Lothar: Gerhart Hauptmann: mit Selbstzeugnissen und Bilddokumenten. Reinbek bei Hamburg: Rowohlt, [28]2006. – *Informative Darstellung in einer bewährten Reihe.*

Zum Gesamtwerk des Autors

Sprengel, Peter: Gerhart Hauptmann. Epoche – Werk – Wirkung. München: C. H. Beck, 1984. – *Immer noch sehr lesbare Einführung in das Gesamtwerk des Autors.*

Zu *Die Weber*

Praschek, Helmut (Hrsg.): Gerhart Hauptmanns *Weber*. Eine Dokumentation. Berlin: Akademie Verlag, 1981. – *Eine Dokumentation vieler zeitgenössischer Texte, Rezensionen, u. a. zum Schauspiel. Eine Dokumentation, die »Die Weber« in den Zeitkontext einbettet.*

Schwab-Felisch, Hans: Gerhart Hauptmann. *Die Weber*. Frankfurt a. M / Berlin: Ullstein Verlag, 1959. – *Neben dem vollständigen Text des Schauspiels enthält der Band zahlreiche zeitgenössische Texte, Rezensionen, eine Zeittafel, usw.*

Walach, Dagmar: Erläuterungen und Dokumente. Gerhart Hauptmann *Die Weber*. Stuttgart: Reclam, 1999.

Weitere Medien

Film und Theater

Die Weber. Film, Deutschland 1927. Regie: Friedrich Zelnik. Drehbuch: Fanny Carlsen, Willy Hass. Mit: Paul Wegener, Valeska Stock und Wilhelm Dieterle. Restaurierte Fassung der Friedrich-Murnau-Stiftung: 2012. – *Sehr einfühlsame Stummfilm-Adaption des Schauspiels mit eingeblendeten Texttafeln.*

Die Weber. Theaterstück, Deutsches Theater Berlin 2011. Regie: Michael Thalheimer. Dramaturgie: Sonja Anders. Mit: Norman Hacker, Katrin Wichmann und Ingo Hülsmann. – *Bekannt gewordene und oft empfohlene Inszenierung; auch auf DVD erschienen.*

Hörspiel

Hauptmann, Gerhart: Die Weber. München: Der Hörverlag, 2012.

Kunst

Kollwitz, Käthe: Lithographien »Ein Weberaufstand« von 1893–1897.

11. Zentrale Begriffe und Definitionen

Akt: lat. ›Handlung‹; Hauptabschnitt in einem Drama, der durch weitere Abschnitte (Szenen, Bilder, Auftritte) unterteilt werden kann.
➤ S. 7 f., 13, 51–54, 62–65

Aufstand (Rebellion): eigentlich Widerstand gegen den Staat und dessen Vollzugsorgane, häufig mit Gewaltanwendung verbunden. In *Die Weber* handelt es sich um einen Aufstand von Arbeitern gegen die ➤Verleger und deren ungerechte Entlohnung.
➤ S. 7–12, 24 f., 56, 59

Dialekt: überwiegend gesprochene, regionale Sprachvarietät, die vor allem im ➤ Naturalismus auch zur Kennzeichnung der Milieuzugehörigkeit des Sprechers diente.
➤ S. 7 f., 54 f., 99, 119

Drama: griech. ›Handlung‹; Bezeichnung für eine der drei Großgattungen (neben Epik und Lyrik). Es gibt verschiedene Dramenformen:
Geschlossene Form des Dramas (auch »klassisches« oder »aristotelisches Drama«): Diese Dramen erfüllen die Forderungen des Aristoteles nach den drei Einheiten: Ort, Zeit und Handlung.
Offene Form des Dramas: Die Dramen missachten die aristotelischen Vorgaben zur Einheit. Darüber hinaus halten sie sich nicht an Ständeklausel und Fallhöhe, sondern weisen Massenszenen auf und die Protagonisten sind niederer Herkunft.
Soziales Drama: Bevorzugtes Genre, das sich im Laufe des 19. Jahrhunderts entwickelte und im Naturalismus beson-

ders häufig verwendet wurde. Die Dramen weisen in der Regel gesellschaftskritische Tendenzen auf.

➤ S. 7, 46 f., 51–54, 66, 86, 93, 98 f., 110, 113, 119

Figur: Haupt- und Nebenfiguren treten als Handlungsträger in fiktionalen Texten auf.

– Figurenkonzeption: Charakterisierung der Protagonisten unter besonderer Berücksichtigung ihrer Entwicklung (statisch oder dynamisch), ihrer Denkweisen (komplex oder eindimensional), ihrer Handlungsweisen (frei oder determiniert) sowie ihrer Verhaltensweisen (nachvollziehbar oder rätselhaft).

– Figurenkonstellation: veranschaulicht das Beziehungsgeflecht unter den Protagonisten (Protagonist vs. Antagonist, Zentralfigur, Dreiecksbeziehung, usw.).

➤ S. 13, 26 f., 47–49, 54, 111

Held (Protagonist): Hauptfigur in der dramatischen Dichtung, entstammt in der Regel in der geschlossenen Form der höheren Gesellschaftsschicht (Fallhöhe) und weist positive Eigenschaften auf.

➤ S. 93, 113

Industrialisierung: Bezeichnung für den Übergangsprozess, von der vorwiegend landwirtschaftlichen Produktionsweise zur maschinellen Produktion. Diese Umwandlung wird häufig begleitet durch schwere Krisen, die vor allem durch Ausbeutung der Arbeiter, Armut, Hunger und schlechte Arbeitsbedingungen gekennzeichnet sind. Die Industrielle Revolution startete in den verschiedenen Regionen in Deutschland zu unterschiedlichen Zeitpunkten. Im Südwesten Deutschlands waren erste Anzeichen einer beginnenden Industrialisierung schon zu Anfang des 19. Jahrhunderts zu verzeichnen. Die überwiegend durch Landwirtschaft geprägten Regionen im Osten starteten erst in der zweiten Hälfte des Jahrhunderts durch.

➤ S. 44 f., 118 f., 121

Naturalismus: Epochenbezeichnung für eine literarische Strömung um die Jahrhundertwende vom 19. zum 20. Jahrhundert (ca. 1880–1900). Themen des Naturalismus waren insbesondere die Armut, die Abhängigkeit des Denkens und des Handelns von der Klassenzugehörigkeit, die Prägung durch das soziale Milieu sowie das Verhältnis von Mensch und Technik. Häufig gewählte Gattungen waren im Naturalismus das soziale Drama und die Milieustudie. Vorwiegend bedienten sich die Dramatiker des Naturalismus des Sekundenstils. Dabei geht es um die detailgenaue, wirklichkeitsnahe Wiedergabe von Geräuschen, Handlungen und des Sprechens (Stottern, Dialekt, unvollständige Sätze. Der Held war nicht mehr das Individuum, sondern die Masse der Arbeiter (wie etwa die Weber). Hauptvertreter des Naturalismus sind u. a. Henrik Ibsen, Gerhart Hauptmann und Arno Holz.

➤ S. 7, 66, 97 f., 102–105, 110–115, 118 f.

Nebentext: (nicht gesprochene) Texte, die sich vornehmlich auf die Darstellung der Figuren beziehen.

➤ S. 50

Patriarch: Bezeichnung für den männlichen Hausvorstand, der auch rechtlich seine Familie und das Hausgesinde vertrat.

➤ S. 9, 32

Regieanweisungen: erzählende Beschreibungen und Anweisungen für die Darstellung des Geschehens auf der

Bühne; gehören zum ➤Nebentext des Dramas, was häufig zu einer Unterbewertung der Regieanweisung führt.

➤ S. 13, 16, 19, 21, 23, 50, 57, 99, 113

Regietheater: Bezeichnung für ein Inszenierungskonzept, das vor allem durch den freien Umgang mit der Textvorlage (etwa spezifische Lesarten) geprägt ist. Sehr häufig geht es dabei um mögliche Aktualisierungstendenzen des Schauspiels.

➤ S. 116 f.

Selbstjustiz: wird häufig von Personen praktiziert, die nicht mehr an die staatliche Rechtsprechung glauben. Sie meinen, dass sie – notfalls auch mit Gewalt – das (subjektive) Recht herstellen dürfen.

➤ S. 24, 64, 73, 90, 93, 114

Sozialdemokratie: Bezeichnung für eine politische Position, deren leitende Vorstellung die Schaffung einer menschenwürdigen (humanitären) Gesellschaft ist. Mit ihr grenzen sich sozialistisch und sozial orientierte Kreise von kommunistischen Parteien ab. Seit der Revolution von 1848 wuchs die sozialdemokratische Bewegung in Deutschland stark an, was dazu führte, dass die herrschenden Eliten mit allen Mitteln versuchten, eine weitere Ausbreitung von deren Ideen einzudämmen (z. B. mit dem Sozialistengesetz von 1878–90 zum Verbot der Bewegung). 1890 gründeten die Vertreter dieser Ideen die Sozialdemokratische Partei Deutschlands.

➤ S. 95 f., 111, 114

Verleger: auch Fabrikant genannt. Im Verlagssystem schießt der Verleger dem Weber den Rohstoff vor, den dieser in Heimarbeit verknüpft. Die Verleger in Deutschland (vor allem in Schlesien) mussten sich in den 40er Jahren des 19. Jahrhunderts gegen die maschinenproduzierte Ware aus England zur Wehr setzen. Die englische war nicht nur qualitativ überlegen, sondern auch deutlich billiger. Die Verleger drückten die Lohnkosten der Weber, um noch Gewinn erzielen zu können. Dies führte zu einem unmenschlichen Ausbeutungssystem.

➤ S. 8 f., 20, 31, 35, 41, 46, 61, 67–69, 78, 126 f.

Weber: waren in der Regel arme Bauern, die (zum Teil noch am eigenen Webstuhl) die Rohware zu Garn verarbeiteten. Die Arbeitsbedingungen waren extrem schlecht. Der Arbeitstag einer Weberfamilie konnte zwölf Stunden und mehr betragen. Zudem wohnte, kochte, arbeitete und schlief die ganze Familie in einem Raum. Oft waren diese Räume kleine baufällige Behausungen, die schlecht beleuchtet und belüftet waren, aber eine Unsumme von Miete kosteten. Die fertigen Produkte der Weber wurden von den ➤Verlegern gering entlohnt. Das Geld reichte oft nicht aus, um den Lebensunterhalt zu sichern. Darüber hinaus waren die Bauern abhängig vom Grundherrn, der neben Dienstleistungen auf dem Hof noch weitere Abgaben verlangte.

➤ S. 7–11, 56–62

Zensur: lat. ›strenge Prüfung‹; Überwachung und Verbot staatlicher oder geistlicher Behörden von Publikationen, um Ideen zu unterdrücken, die den herrschenden religiösen, moralischen oder politischen Vorstellungen widersprechen. Während der Zeit der ersten Aufführungen von Hauptmanns Drama (1892–1894) wurden vor allem gesellschaftskritische Dramen, die die Vorstellungen des So-

zialismus propagierten, aufgrund der Vorbehalte der Regierenden gegen diese Strömung von den Zensurbehörden überprüft und oft auf den Index gesetzt, d. h. verboten.
➤ S. 46, 109 f.